살려내심

지금 나에게 임한 십자가의 사랑과 능력

살려내심

윤치영

규장

절망과 고통과 수치를 이기는
십자가의 복음

할렐루야! 먼저 이 책을 출간할 수 있도록 기회를 주신 하나님 아버지께 영광과 감사를 올립니다. 십자가의 능력과 지혜, 그 속에 담긴 하나님의 사랑의 깊은 뜻을 알리고 싶은 마음에 부활절을 앞두고 2주간 매일 저녁 두세 시간씩 성도들과 말씀의 잔치를 벌였던 때가 생각납니다. 어노인팅교회를 시작하면서 '십자가의 도'라는 제목으로 진행한 세미나의 내용을 책으로 출간하도록 은혜를 베푸시고 하나님의 사랑으로 부족한 사람을 여기까지 오게 하신 이 모든 것이 하나님의 열심이십니다.

주님은 학창 시절 방황하던 저를 아버지의 사랑으로 깊이 만나주셨습니다. 주님의 십자가의 구속의 은총을 깨닫고 목회자로 헌신한 저는 부산 장신대를 통해 신학도로 복음에 입문하였으며 더 깊은 신학 공부를 위해 호주 땅을 밟게 되었습니다. 가장으로서 감당해야 할 삶의 무게, 목사가 되기 위해 밟아야 했던 신학 과정, 이민 교회의 청소년 사역 등 여러 어려움 가운데서도 당초 계획했던 단계를 밟아가고 있었습니다.

호주 신학의 양대 산맥이라고 하는 ACT(Australia College of Theology)와 SCD(Sydney College of Divinity)에서 보수, 자유, 개혁, 진보 등의 다양한 신학 사조를 접하며 어떻게 다시 복음의 본질로 이끌어야 하는지에 대해서 배웠고, 균형 있는 목회를 꿈꾸며 달려가던 저에게 하나님은 전혀 계획하지 않았고 꿈에도 생각하지 못한 1년의 감옥생활을 허락하셨습니다. 하나님은 호주의 감옥에서 죄로 인한 비참과 그 결과와, 이 심각한 죄 문제를 해결하기 위해 반드시 필요한 십자가의 도를 몸소 경험하고 깨닫게 하셨으며, 그 안에서 하나님의 나라를 이루게 하셨습니다.

무엇과도 바꿀 수 없었던 그 경험은 출옥 후 중국 선교의 현장에서 수많은 구원의 결실로 이어졌고, 실제적인 하나님나라의 회복으로 연결되는 놀라운 역사 또한 보게 하셨습니다. 마가복음 1장 1절 말씀과 같이 복음은 하나님의 아들 예수 그리스도로부터 시작되었습니다. 그리고 그 완성은 하나님의 나라입니다. 죄로 인해 타락한 세상을 하나님의 나라로 회복하게 하는 것은 오직 예수 그리스도의 십자가뿐임을 고백하지 않을 수 없습니다.

십자가의 도가 멸망하는 자들에게는 미련한 것이지만, 구원을 받는 우리에게는 분명 하나님의 능력입니다(고전 1:18). 저는 수년 동안 국제 코스타 강사로 세계 각국을 다니며 청소년과 청년들에게 오직 십자가와 복음을 전하여 그들이 회복되고 영혼들이 살아나는 것을 경험하였습니다. 뿐만 아니라 국내외 수많은 부흥회를 통해서도 오직 복음의 말씀으로 교회가 살아나고 부흥케 되는 현장을 경험하게 되었습니다.

감사하게도 2020년 CBS 〈새롭게 하소서〉에 출연하여 호주 감옥 간증과 중국 선교 간증을 통해 많은 사랑과 응원을 받았습니다. 부끄럽지만 그 시간 속에 함께하셨던 하나님만을 간

증했던 저의 고백을 통해 너무나 많은 분들이 힘을 얻고 믿음을 새롭게 했다는 이야기를 들었습니다. 그래서 절망과 고통, 수치의 시간들을 이겨낼 수 있었던 가장 귀한 비결인 십자가, 즉 복음의 메시지를 더 많은 분들과 나눌 수 있으면 좋겠다는 꿈을 꾸게 되었습니다.

감사한 것은 하나님의 인도하심 가운데 규장의 여진구 대표께서 이것을 책으로 출간할 것을 제안해주셨습니다. 아무쪼록 이 책이 십자가에 숨겨진 온전한 능력을 알게 하고, 그것을 통해 하나님의 나라가 세워지기 위한 선명한 제시가 되기를 바라고, 하나님의 나라가 실제적으로 이루어지고 하나님의 나라를 확장시키는 도구로 쓰임받을 수 있기를 소원합니다.

이 책을 위해 힘써주신 규장의 여진구 대표님과 안수경 실장님을 비롯해서 기도와 응원을 아끼지 않고 함께해준 사랑하는 가족들과 킹덤 얼라이언스 식구들에게 진심으로 감사드립니다.

윤치영

CONTENTS

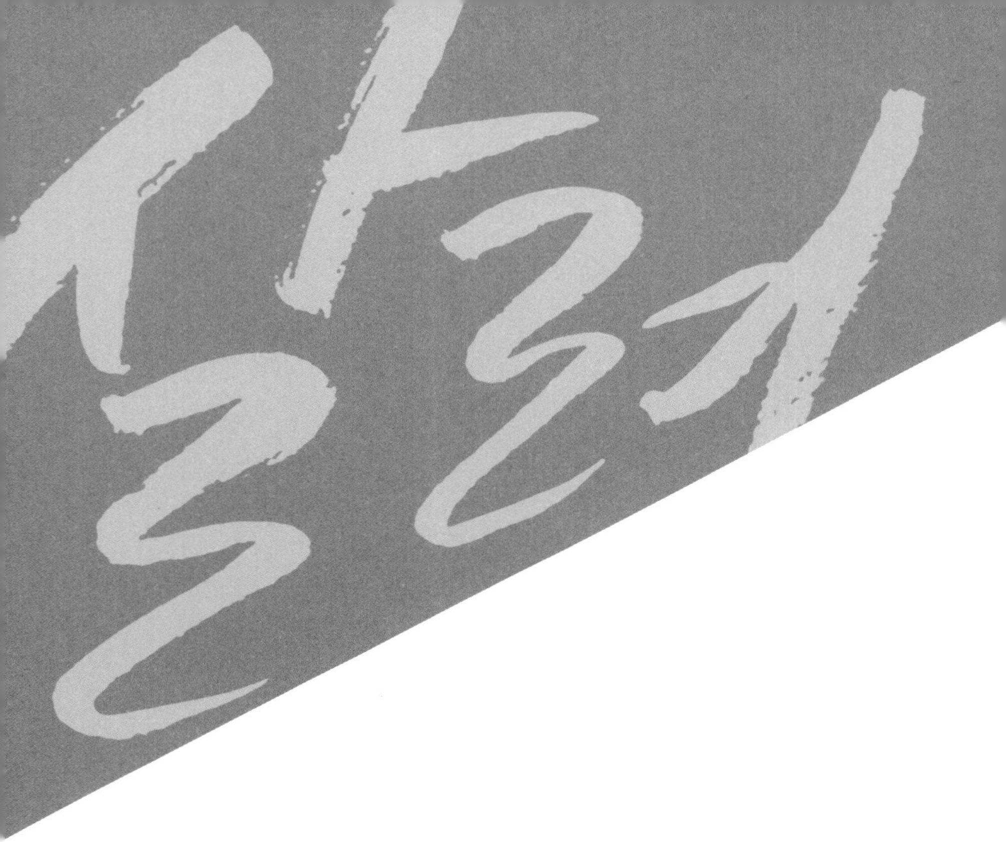

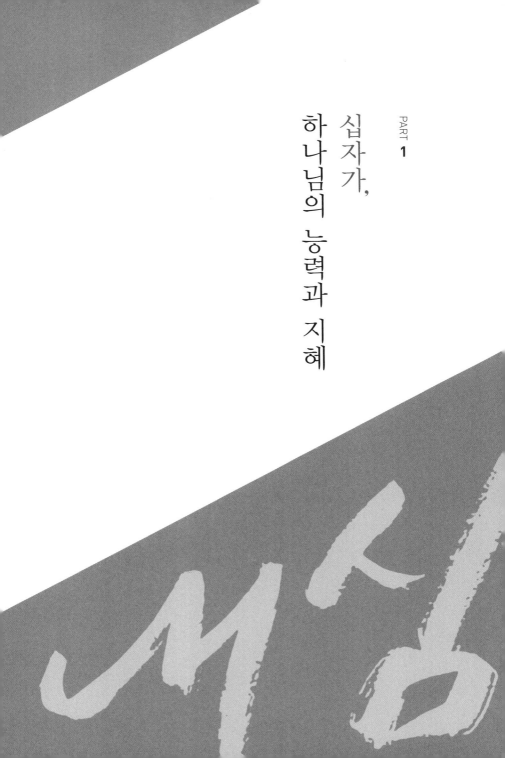

PART **1**

십자가,
하나님의 능력과 지혜

01

창세 전부터 있는 십자가

여러분은 사랑받고 있나요? 사랑받고 있는 사람은 얼굴이 방실방실합니다. 그런데 사랑받지 못하는 사람을 보면 얼굴이 우중충해요. 이 사람이 사랑받고 있는지 아닌지는 딱 봐도 알 수 있습니다. 이 세상에서 가장 좋은 게 뭐냐고 물으면 사람들이 다들 사랑이라고 이야기합니다. 사랑해야 결혼도 하고 자녀도 낳습니다. 정말 사랑이 우리의 인생을 이끌어가는 것 같습니다. '사랑'은 사람이 사랑하는 것이며, '사람'은 사랑하며 사는 존재이고, '삶'은 사람이 사랑을 이루어가는 것이라고 말할 만큼 사랑, 사람, 삶 이 세 가지는 그 어원이 같다고 합니다.

하나님의 사랑을 측량할 수 있는가?

사랑은 측량할 수가 없습니다. 사람의 사랑은 그래도 어느 정도 측정할 수 있는 것 같습니다. 남녀가 만나 사랑하다가 헤어지기도 하고, 나를 얼마나 사랑하느냐고 물으면 하늘만큼 땅만큼 사랑한다고 해서 결혼도 합니다. 그런데 뭐니 뭐니 해도 이 땅에 사는 사람의 사랑 중에 가장 큰 사랑은 부모님의 사랑입니다. 그러면 한번 물어보겠습니다. 여러분은 결혼하기 전에 부모님의 사랑을 알았습니까? 몰랐습니까? 사실 결혼하기 전에 우리는 부모님 사랑을 잘 몰라요. 결혼하고 자녀를 낳아보니 이제야 좀 알 것 같지요.

저도 정말 별난 사람이었습니다. 저희 부모님은 제가 태어난 지 1년도 안 되었을 때 이혼하셨습니다. 그래서 저는 우리 엄마 아버지가 저를 사랑하지 않는 줄 알았습니다. 저는 아버지가 나를 내팽개쳤다고 생각했고, 남들에게 어머니를 계모라고 소개할 정도로 부모님의 사랑을 잘 몰랐습니다. 그런데 결혼하고 자녀를 낳아보니 누구의 사랑을 알겠느냐 하면 부모님의 사랑을 알 수 있는 것 같아요.

그런데 우리가 진짜로 받고 있는 사랑이 있습니다. 그것은 하나님의 사랑입니다. 여러분, 하나님의 사랑이 있습니까? 없습니까? 있습니다! 부모의 사랑이 분명히 있는데도 청소년 반항기에 우리가 그 사랑을 못 느끼고 엄마 아빠에게 떼쓰지요.

저도 그때 저희 어머니가 저를 바라보던 그 눈빛, '이놈의 자슥아! 안됐다' 하는 그 표정이 저를 경멸하고 무시하고 조롱하는 눈빛인 줄 알았는데, 지금 가만히 생각해보니 어머니가 저를 얼마나 사랑하셨는지, 얼마나 모질고 독하게 당신의 모든 것을 절제하며 눈물을 보이지 않고 저를 키우셔야 했는지, 그래서 보인 어머니의 강직함이었다는 것을 이제는 느낍니다.

여러분, 이렇듯 우리 자신이 그 포지션에 가보면 우리도 그 사랑을 느낄 수가 있습니다. 지금 자녀가 애를 먹여도 크게 걱정하지 않아도 됩니다. 그 자녀가 성장해서 결혼하고 자식을 낳아보면 부모에 대한 사랑을 금세 회복합니다. 그런데 우리가 누구의 사랑을 잘 모르느냐 하면 무궁무진한 하나님의 사랑을 잘 모릅니다. 하나님이 우리를 너무너무 사랑하시는데, 우리도 하나님을 사랑할 만큼 그 은혜를 느껴야 되는데, 그것을 느끼는 사람이 몇 없어요. 못 느낍니다.

왜 못 느끼는지 아십니까? 뭔가를 느낀다는 것은 그것과 같은 수준이든지, 아니면 그보다 더 높은 수준이어야만 가능합니다. 예를 들면 제 키가 170센티미터인데, 제 키를 재려고 하면 적어도 170센티미터 이상인 자가 있어야 합니다. 만일 150센티짜리 자밖에 없다면 제 키를 알 수 있습니까? 없습니까? 없습니다. 몸무게를 잴 때도 100킬로까지 올라가는 체중계가 있다면 100킬로 이하는 몸무게를 잴 수 있지만, 그 이상은 정확한 수치를 알 수 없습니다. 마찬가지로 하나님의 사랑이 너무 크기 때문에 그 엄청나고 큰 사랑을 잴 수 있는 자가 우리에게 없다는 것입니다.

하나님께서 우리에게 그 놀라운 하나님의 사랑을 잴 수 있는 자를 주셨는데 그것이 바로 '십자가'입니다. 이 십자가 안에 하나님의 사랑이 담겨 있습니다. 이 십자가의 사랑을 진짜 깨달으면 하나님의 사랑을 감격적으로 느낄 수 있다는 것입니다. 우리가 이 십자가의 사랑을 알고 그 사랑을 이야기한다면 "오 주님!" 이러면서 눈물을 줄줄 흘릴 텐데, "예수" 그 이름만 불러도 감격이 되어 찌릿찌릿 파르르 전율이 일어날 텐데, 지금 우리는 어떻습니까? 여러분은 이 엄청난 하나님의 사랑이 느껴지십니까?

아들을 버리면서까지 사랑하신 죄인들

제가 이 십자가의 사랑을 깨달은 것은 열다섯 살 때였습니다. 할머니 할아버지와 함께 살던 저희 집 안방 타일에 그림이 있었는데, 그 그림은 십자가에 달린 예수님의 얼굴이었어요. 가시관을 써서 머리에서 피가 줄줄 흐르는 예수를 보면 저는 기분이 썩 좋지 않고 마음이 무거워져서 그 방에 잘 들어가지 않았습니다.

그런데 제가 중학교 때 할머니에 이끌리어 참석한 어느 부흥회에서 강사 목사님이 십자가에 대한 설교를 하면서 이런 질문을 하셨습니다. "여러분, 예수님이 십자가에 달려 돌아가실 때 그분이 '엘리 엘리 라마 사박다니, 나의 하나님, 나의 하나님 어찌하여 나를 버리셨나이까?'라고 하신 그 말이 무슨 뜻인지 아십니까?" 그때 저는 속으로 '아이고 하나님, 예수님이 얼마나 힘들었으면 하나님을 원망했겠어요?' 이런 생각을 하고 있었습니다.

그런데 강사 목사님이 "여러분은 이런 생각을 했을 겁니다. 예수님이 얼마나 얼마나 아팠으면 하나님께 이렇게 나를 버리시느냐고 한탄했겠느냐고 말입니다. 그런데 그게 아닙니다. 그 음성은 '하나님, 하나밖에 없는 독생자인 나를 버리면서까지 이 인간들, 이 원수 같은 죄인들을 사랑하십니까? 하나님의 사랑이 너무너무 크십니다'라는 의미입니다"라고 말씀하시는데, 그때 제가 하나님 아버지의 사랑에 큰 충격을 받았습니다.

그 사랑이 믿어지면서 3개월 동안 저는 눈물을 흘리며 다녔습니다. 버스를 타도 눈물이 나오고 길을 가다가도 예수님이 십자가에 달려 돌아가시는 게 보이면서 하나님의 사랑에 대한 감격과 은혜 때문에 울고 또 울었습니다.

창세 이전의 사건 : 삼위일체 하나님과 우리

하나님께서 태초에 천지를 창조하셨습니다. 그리고 6일째 사람을 만드셨죠. 그래서 사람이 언제부터 존재했느냐고 할 때 창세 이후 사람이 만들어지고 인간의 역사가 시작되었다고 합니다. 맞습니까? 그러면 정말 과연 그런지 성경을 찾아가며 살펴보겠습니다. 먼저 창세 이전에 누가 계셨습니까? 창세 이전에 우리 하나님이 계셨습니다. 우리가 이 하나님을 어떻게 보느냐하는 시각이 참 중요한데, 하나님은 삼위일체 하나님이십니다. 그 말은 창세 전에 성부 하나님도 계셨고, 성자 예수님도 계셨고, 성령 하나님도 계셨다는 것입니다.

> 아버지여 창세 전에 내가 아버지와 함께 가졌던 영화로써 지금도 아버지와 함께 나를 영화롭게 하옵소서 요 17:5

그렇습니다. 창세 전에 예수님이 계셨습니다.

> 아버지여 내게 주신 자도 나 있는 곳에 나와 함께 있어 아버지께서 창세 전부터 나를 사랑하시므로 내게 주신 나의 영광을 그들로 보게 하시기를 원하옵나이다 요 17:24

예수님은 "창세 전부터 아버지와 내가 함께 있었다"라고 말씀합니다. 그렇다면 성부도 창세 전에 계셨고, 성자 역시 창세 전에 이미 계셨습니다. 그러면 성령은 어디 계셨습니까? 하나님의 영은 수면 위에 운행하고 계셨습니다.

땅이 혼돈하고 공허하며 흑암이 깊음 위에 있고 하나님의 영은 수면 위에 운행하시니라 창 1:2

하나님께서 이 위대한 창세 이전의 사건을 성령의 지혜로 솔로몬 왕에게 알리셨는데, 그 말씀이 잠언에 다음과 같이 기록되어 있습니다.

²²여호와께서 그 조화의 시작 곧 태초에 일하시기 전에 나를 가지셨으며 ²³만세 전부터, 태초부터, 땅이 생기기 전부터 내가 세움을 받았나니 ²⁴아직 바다가 생기지 아니하였고 큰 샘들이 있기 전에 내가 이미 났으며 ²⁵산이 세워지기 전에, 언덕이 생기기 전에 내가 이미 났으니 ²⁶하나님이 아직 땅도, 들도, 세상 진토의 근원도 짓지 아니하셨을 때에라 ²⁷그가 하늘을 지으시며 궁창을 해면에 두르실 때에 내가 거기 있었고 ²⁸그가 위로 구름 하늘을 견고하게 하시며 바다의 샘들을 힘 있게 하시며 ²⁹바다의 한계를 정하여 물이 명령을 거스르지 못하게 하시며 또 땅의 기초를 정하실 때에 ³⁰내가 그 곁에 있어서 창조자가 되어 날마다 그의 기뻐하신 바가 되었으며 항상 그 앞에서 즐거워하였으며 ³¹사람이 거처할 땅에서 즐거워하며 인자들을 기뻐하였느니라 잠 8:22-31

창세 전에 성부, 성자, 성령 하나님이 계신 것이 맞습니다. 그런데 창세 전에 존재한 것이 또한 우리입니다.

> ³찬송하리로다 하나님 곧 우리 주 예수 그리스도의 아버지께서 그리스도 안에서 하늘에 속한 모든 신령한 복을 우리에게 주시되 ⁴곧 창세 전에 그리스도 안에서 우리를 택하사 우리로 사랑 안에서 그 앞에 거룩하고 흠이 없게 하시려고 엡 1:3,4

하나님께서는 창세 전에 그리스도 안에서 우리를 택하셨습니다. 우리가 창세 전에 이미 택함을 받았다는 것은 창세 전부터 우리가 존재했다는 것입니다. 우리는 이미 그리스도 안에 있었고, 그리스도 안에서 택하심을 받았습니다. 예를 들면 제가 여자는 아니지만 임신을 해서 뱃속에 아이가 있다고 합시다. 아직 태어나지 않아 눈에 보이지 않지만 아이는 분명히 존재합니다. 그러니까 창세 전에 있었다는 것은 주님의 계획 안에서 우리를 존재하게 하시고 품어두시다가 각자 자기 때가 되어 태어나게 하셨다는 것입니다. 성령께서 이것을 바울에게 알게 하시고, 바울을 통해 이 계시적 비밀을 우리에게도 알려주신 것입니다. 이렇게 우리는 창세 전에 그리스도 안에서 택함을 받고 예정되어 있습니다.

십자가의 출현

그렇다면 십자가는 언제 나타났습니까? 물론 이 땅에 예수님이 오시고 예수님이 십자가에 달려 돌아가셨을 때 이 십자가가 등장합니다. 창세기부터 말라기까지 아무리 찾아봐도 '십자가'라는 단어는 한 번도 나오지 않습니다. 구약에는 십자가가 없습니다. 그런데 창세 전에 삼위일체 하나님이 계신 것처럼 창세 전에 이미 십자가가 있었습니다.

그러면 십자가는 왜 필요합니까? 무엇 때문에 십자가가 필요합니까? 우리의 죄 때문입니다. 예수님은 우리의 죄를 위하여 십자가에 달려 죽으셨습니다. 만일 죄가 없으면 십자가가 필요 없겠죠. 그러면 구약 시대에 죄가 있었습니까? 없었습니까? 죄가 있었습니다! 그런데 왜 십자가가 없었습니까? 구약 시대에는 십자가의 모형이 있었습니다. 결국 구약 시대나 신약 시대나 죄가 있다면 반드시 십자가가 필요하다는 것입니다. 그렇다면 같은 논리로 창세 전에 죄가 없었는데 십자가는 왜 존재했을까요? 우선 창세 전에 십자가가 있는지 없는지 먼저 성경을 찾아보아야 합니다.

[7]오직 은밀한 가운데 있는 하나님의 지혜를 말하는 것으로서 곧 감추어졌던 것인데 하나님이 우리의 영광을 위하여 만세 전에 미리 정하신 것이라 [8]이 지혜는 이 세대의 통치자들이 한 사람도 알지

못하였나니 만일 알았더라면 영광의 주를 십자가에 못 박지 아니

하였으리라 고전 2:7,8

7절에 "오직 은밀한 가운데 있는 하나님의 지혜를 말하는

것"이라고 할 때 이것이 십자가를 가리키는 것입니다. 그것은

다시 고린도전서 1장에 나오는 십자가에 대한 설명으로 알 수

있습니다.

17그리스도께서 나를 보내심은 세례를 베풀게 하려 하심이 아니

요 오직 복음을 전하게 하려 하심이로되 말의 지혜로 하지 아니함

은 그리스도의 십자가가 헛되지 않게 하려 함이라 18십자가의 도

가 멸망하는 자들에게는 미련한 것이요 구원을 받는 우리에게는

하나님의 능력이라 고전 1:17,18

이때 바울은 '말의 지혜'와 '십자가'를 서로 비교합니다. '십자

가의 도'가 멸망하는 자들에게는 미련한 것이지만 구원을 받는

우리에게는 '하나님의 능력'이요 '하나님의 지혜'라는 것입니다.

오직 부르심을 받은 자들에게는 유대인이나 헬라인이나 그리스

도는 하나님의 능력이요 하나님의 지혜니라 고전 1:24

감추어진 계시

다시 고린도전서 2장 7절 말씀으로 가보면, 이 '하나님의 지혜' 는 감추어졌던 것이고, 만세 전에 미리 정한 것이라고 말씀하고 있습니다. 그렇습니다. 하나님은 진리를 감추시는 분입니다. 마태복음 13장에 씨 뿌리는 비유는 천국 비유입니다. 하나님 은 하나님나라에 대한 비밀을 우리에게는 보여주시지만 저들에 게는 감추었다고 말씀합니다. 왜 그렇습니까? 하나님의 자녀 들만 온전히 구원하기 위해서 감추신다는 것입니다. 밭에 감추 어진 보화는 안 보입니다. 빵을 부풀어 오르게 하는 누룩도 안 보입니다. 겨자씨 역시 너무 작아 보이지 않습니다. 이렇듯 천 국은 눈에 보이지 않고 감추어져 있지만 드러나는 것입니다.

십자가 역시 우리에게는 계시하시지만 저들에게는 감추십니 다. 하나님께서 이 십자가를 만세 전에 정하시고 감추어두셨습 니다. 왜냐하면 십자가라는 방법을 통하여 온 인류와 우주만 물을 구원하시기 위하여 그렇게 하셨다는 것입니다. 만일 이러 한 뜻이 마귀에게 알려졌다면 마귀가 예수님을 십자가에 못 박 혀 죽도록 가만두었을까요?

이 지혜는 이 세대의 통치자들이 한 사람도 알지 못하였나니 만일 알았더라면 영광의 주를 십자가에 못 박지 아니하였으리라 고전 2:8

'이 세대의 통치자들'이란 마귀가 잡고 있는 이 세상 사람들을 말합니다. 만일 마귀가 이 지혜를 알았다면 예수님을 십자가에 못 박아 죽여서 그분을 통해 우리의 모든 죄가 다 사함을 받는 일이 일어나도록 가만두지 않았을 거라는 말입니다. 그렇기 때문에 하나님께서 이 십자가의 지혜를 감추셨고, 그래서 이 하나님의 지혜를 마귀가 알 수 없었다는 것입니다.

하지만 아무리 감추어도 열심히 파헤치면 알 수도 있을 텐데, 그렇다면 마귀는 그것을 왜 몰랐을까요? 저는 평소 궁금한 점은 하나님께 물으며 계속 묵상하는 편입니다. 제가 깨닫게 된 점은 마귀가 있기 전에 십자가가 있었다는 것이었습니다. 마귀는 십자가의 존재를 모르는 것입니다. 제 딸이 제가 학창 시절에 어땠는지 제 과거를 어떻게 알겠습니까? 모릅니다. 아직 태어나지도 않은 아이가 제가 열다섯 살에 가출했던 사건을 알 수가 없죠. 그렇지만 제 어머니는 아시죠. 다른 예를 하나 더 들어보면, 제 딸이 태어나기 전에 제가 아이를 위해 보험을 들었다면 아이는 그 보험의 존재를 알 수가 없다는 것입니다.

하나님께서 '창세 전에' '죄가 없는 상태'에서 이 십자가를 미리 정하신 이유가 있습니다. 하나님께서 만세 전에 십자가를 미리 정하고 만드신 이유는 '우리' 때문입니다. 하나님은 만세 전에 죄 없는 상태로 우리를 태어나게 하셨습니다. 하나님은 우리에게 자유의지를 주셨는데, 우리가 그 자유의지를 잘못 사용해서 하나님의 뜻을 어기고 범죄하여 지옥에 떨어질까봐 십자가라는 완벽한 죄 사함의 방법을 미리 정해놓으신 것입니다. 그러니까 완전한 구원의 차원과 방법을 예비하셨다는 것입니다. 이얼마나 멋진 하나님의 사랑입니까?

우리의 영광을 위한 십자가

당신이 얼마나 소중한 존재인지 아시기를 바랍니다. 이 십자가가 창세 전부터 우리를 위하여 준비하신 하나님의 사랑이라는 것을 생각해보십시오. 얼마나 감격스럽습니까? 자녀가 태어나기 전부터 부모는 내 자녀가 어떻게 살면 좋겠다는 심정으로 최선을 다합니다. 그처럼 우리 하나님께서도 우리가 이 땅에 태어나기도 전에 우리를 위하여 최선을 다하셨습니다. 그것이 바로 십자가입니다.

이 땅에서 사람들이 다른 많은 문제를 해결해줄 수 있을지 몰라도 우리의 죄 문제만큼은 아무도 해결해줄 수 없습니다. 우리의 죄 문제를 해결해줄 수 있는 분은 하나님 한 분 외에 없습니다. 그렇기 때문에 '나'는 하나님의 십자가의 사랑으로 내 죄 문제를 이미 다 해결받은 존재입니다.

우리 하나님 아버지께서는 십자가를 계획하셨습니다. 우리 예수님이 십자가를 지셔서 다시금 천국을 이루기까지 순종하셨습니다. 성령님 역시 예수님이 십자가를 질 수 있도록 도와

주고, 또 십자가에 죽고 나서 부활하게 하며, 이 놀랍고 위대한 십자가의 사랑을 모든 사람들이 알고 믿을 수 있도록 보증해주셨습니다. 이렇듯 십자가는 삼위일체 하나님의 놀라운 공동작품입니다. 우리가 이 하나님의 사랑을 알기만 해도 얼마나 기쁩니까? 이토록 놀라운 하나님의 사랑이 어떻게 나에게 적용되지 않을 수 있겠습니까?

그런데 저는 "하나님이 우리의 영광을 위하여"라고 하신 말씀에 더 깊은 은혜를 받았습니다.

> 오직 은밀한 가운데 있는 하나님의 지혜를 말하는 것으로서 곧 감추어졌던 것인데 하나님이 우리의 영광을 위하여 만세 전에 미리 정하신 것이라 고전 2:7

'영광'은 하나님만 받으시는 것입니다. 거룩한 존재만이 받을 수 있는 단어가 영광입니다. 그런데 바울은 십자가가 하나님이 우리의 영광을 위하여 만세 전에 미리 정하신 것이라고 말씀합니다. 이 말은 우리가 하나님과 같이 하나님의 자녀의 거룩함을 회복하게 된다는 의미입니다. 십자가는 그것을 위하여 만세 전부터 정해졌다는 것입니다.

이것을 알 때 이 땅에 어느 누가 하찮은 사람이겠습니까? 이 땅에 쓰레기 같은 사람이 어디 있겠고, 이 땅에 패악하고 쓸모 없는 자가 어디 있겠습니까? 다 존귀한 사람들입니다. 이 십자가의 놀라운 사랑이 우리의 영혼에 터치되어 영혼이 살아나는 역사가 일어나기를 바랍니다. 십자가의 놀라운 사랑이 회복되어 다시 심장이 뛰고 하나님의 숨결을 느낄 수 있게 되기를 주의 이름으로 간절히 바랍니다.

02

휘장을 지나 지성소로

저는 어릴 때부터 기도원에서 잔뼈가 굵었습니다. 왜냐하면 초등학교 때부터 외할머니 외할아버지 손에 자라며, 할머니가 매일 기도원에 가시면 마땅히 저를 돌봐줄 사람이 없었기 때문에 할머니가 항상 저를 데리고 기도원에 가셨기 때문입니다. 방학이 되어도 딱히 갈 데가 없어 기도원에 갔습니다. 기도원에서 아침저녁으로 미숫가루를 타주었는데, 그래서 그런지 저는 지금도 미숫가루를 안 마십니다. 날은 더운데 다닥다닥 붙어 앉아서 박수 치라고 하면 박수 치고, 무릎 꿇고 기도하라고 하면 기도하고, 돈 아낀다고 숙소에서 자지 않고 예배당에 누워 자

다가 새벽에 일어나 다시 기도하고 찬송하던 그런 시절이었습니다.

성막을 통한 하나님의 사역

특별히 기도원에서 부흥회 때마다 구원이면 구원, 성령이면 성령, 이렇게 한 주제에 대해 집중적으로 말씀을 들을 수 있었는데 돌아보니 그것이 다 놀라운 은혜였던 것 같습니다. 그중에 하나가 중학교 때 이미 성막론을 배운 것이었습니다. 고등학교 때부터는 아예 아이들에게 성막론을 가르치기도 했습니다. 성막론으로 말씀을 가르치다보니 저에게 기독론이 분명해지는 은혜가 있었습니다.

십자가는 삼위일체 하나님의 합작품입니다. 하나님은 십자가를 예정하셨고, 예수님은 십자가를 지셨으며, 성령님은 십자가를 증거하셨습니다. 또한 십자가 사건은 예수 그리스도께서 성막과 같은 단계로 사역하셨다는 것을 잘 보여줍니다. 그러면 이 성막을 만드신 분은 누구입니까? 그렇습니다. 하나님이 만드셨습니다. 그러면 세상을 창조하신 하나님께서 성막을 만드실 때 무질서하게 만드셨을까요? 질서 있게 만드셨을까요? 질서 있게 만드셨습니다. 우리 하나님이 행하신 것은 예수님도 행하시고, 예수님이 행하신 것은 성령님도 행하십니다. 왜냐하면 성부 성자 성령 하나님이 같은 분이시기 때문입니다.

하나님께서 성막을 만드셨다는 것은 하나님의 사역이 성막을 통해 이루어졌다는 뜻입니다. 성막은 하나님께서 사람들을 위하여 만들어주신 것으로, 범죄한 사람들의 죄를 제사를 통해 용서하고 그들을 구원하기 위한 것입니다. 성막에는 하나님의 영광이 있고, 하나님의 놀라운 음성이 있고, 하나님의 역사와 하나님의 판결이 있습니다. 그 하나님께서 인간의 몸을 입고 이 땅에 오셔서 사역하셨고, 성막과 같이 이 땅의 영혼들을 위해 사역하신 것입니다.

성막 뜰과 성소와 지성소의 단계로

성막은 '성막 뜰'과 '성소'와 '지성소'로 되어 있습니다. 성막 뜰에는 번제단과 물두멍이 있습니다. 성막은 성소와 지성소로 나뉘어 있습니다. 성소에는 금촛대와 떡상이 있고 분향단이 있습니다. 그리고 지성소 안에는 법궤가 있습니다. 이 법궤 안에 아론의 싹 난 지팡이가 있고, 만나를 담은 금 항아리가 있고, 십계가 있습니다.

우리 주님도 성막 뜰과 성소와 지성소의 단계로 사역하셨는데, 성막 안과 성막 바깥은 아예 구별하는 것이 맞습니다. 성막 안은 하나님의 자녀라는 의미이고, 성막 바깥은 하나님의 자녀가 아닙니다. 마찬가지로 우리 주님도 처음부터 성막 안으로 들어가지 않으시고 온 이스라엘 주위를 둘러 다니시며 하나님의 말씀을 전하고 병든 자와 귀신 들린 자들을 고치셨습니다.

23 예수께서 온 갈릴리에 두루 다니사 그들의 회당에서 가르치시며
천국 복음을 전파하시며 백성 중의 모든 병과 모든 약한 것을 고
치시니 24 그의 소문이 온 수리아에 퍼진지라 사람들이 모든 앓는
자 곧 각종 병에 걸려서 고통 당하는 자, 귀신 들린 자, 간질하는
자, 중풍병자들을 데려오니 그들을 고치시더라 25 갈릴리와 데가볼
리와 예루살렘과 유대와 요단 강 건너편에서 수많은 무리가 따르
니라 마 4:23-25

주님은 자신의 사역을 성전(성막) 밖에서부터 시작하셨습니
다. 그다음으로 성막 뜰에 번제단이 있는데, 이 번제단은 대속
물의 죽음으로 피가 흘려지는 곳입니다. 이 사역은 구속의 사
역, 중생의 사역이라고 할 수 있습니다. 요한복음 3장에 보면
니고데모가 나오는데, 이 니고데모는 밤에 예수를 찾아온 유대
인의 지도자입니다. 예수님은 그에게 사람이 물과 성령으로 거
듭나지 않으면 하나님의 나라에 들어갈 수 없다고 말씀하셨습
니다. 그러니까 주님이 번제단의 사역, 중생의 사역을 하신 것
입니다.

물두멍에서는 손과 발을 씻습니다. 요한복음 13장에서 예수
님은 제자들의 발을 씻으시며 이미 목욕한 사람은 온몸이 깨끗

하니 발밖에 더 씻을 필요가 없다고 말씀하셨습니다. 그러니까 주님이 이 물두멍의 사역 역시 하셨다는 것입니다. 다음은 떡상의 사역입니다.

> 예수께서 이르시되 나는 생명의 떡이니 내게 오는 자는 결코 주리지 아니할 터이요 나를 믿는 자는 영원히 목마르지 아니하리라
> 요 6:35

> 내가 곧 생명의 떡이니라 요 6:48

주님은 자신을 가리켜 "내가 곧 생명의 떡이다"라고 말씀하셨습니다. 금촛대는 빛입니다. 주님의 사역 역시 빛을 발하는 사역입니다. 예수님은 "나를 따르는 자는 어둠에 다니지 아니하고 생명의 빛을 얻으리라"라고 말씀하셨습니다.

> 예수께서 또 말씀하여 이르시되 나는 세상의 빛이니 나를 따르는 자는 어둠에 다니지 아니하고 생명의 빛을 얻으리라 요 8:12

예수님의 기도

분향단은 기도 사역을 의미하는데 예수님의 기도 사역은 너무너무 많습니다. 가장 대표적인 기도 사역으로 요한복음 17장

에 나오는 예수님의 기도가 있습니다. 이 기도를 예수님의 대제사장적 기도라고 합니다. 예수님은 이 기도를 마치고 난 뒤 잡히시고 십자가에 달려 죽으십니다. 십자가의 죽음이란 그분의 몸이 찢어진 사건입니다. 그는 못 박힌 손과 발에서 피가 흐르고 숨을 들이마시려고 하면 온몸이 찢어지는 듯한 극심한 고통 속에서 숨지셨습니다. 성경에는 "이에 성소 휘장이 위로부터 아래까지 찢어졌다"라고 기록되어 있습니다.

이에 성소 휘장이 위로부터 아래까지 찢어져 둘이 되니라 막 15:38

휘장은 성소와 지성소를 구분하는 커튼입니다. 그러면 성소에서 향단의 위치가 어디인지 아십니까? 향단은 휘장 바로 앞에 위치해 있습니다. 그런 의미에서 본다면 요한복음 17장의 예수님의 기도가 '향단의 기도'라고 할 수 있습니다. 요한복음 17장의 기도를 한번 깊이 읽어보십시오. 이 기도는 우리가 하나님 앞에 보호를 구하거나 지혜를 구하거나 번영을 구하는 차원의 기도가 아닙니다. 우리가 들어서 쉽게 알아들을 수 있는 기도가 아니라 정말 수준이 높은 기도입니다.

이스라엘 백성들이 드리는 기도는 다양합니다. 이스라엘 각 지파들도 기도하고 심지어 이방인들도 기도합니다. 제사장이 성소에서 매일 제사를 드리며 기도합니다. 그런데 지성소에는 대제사장이 일 년에 딱 한 번 들어가서 하나님께 제사를 드립니다. 그러니까 요한복음 17장의 예수님의 기도는 예수님이 대제사장으로서 드리는 기도의 내용이었다고 생각하면 됩니다.

만약 우리가 지성소까지 들어가기 원한다면 우리의 기도는 예수님께서 하신 기도의 단계까지 올라가야 합니다. 우리의 기도가 예수님의 기도의 차원으로 들어갈 수 있다면 우리가 지성소까지 경험할 수 있다는 것입니다.

십자가를 통과하여 지성소로 들어가라

그러면 이 휘장이 어떤 사역의 단계이겠습니까? 휘장은 바로 십자가의 단계입니다. 십자가의 예수 그리스도, 그분의 몸이 찢어진 십자가 사건을 가리켜 휘장이 찢어졌다고 한 것입니다. 우리가 성막의 마지막 지성소에까지 들어가려면 십자가를 통과해야만 합니다. 우리가 죄 씻음을 받고 거듭날 때도 십자가가 필요하고, 날마다 회개할 때도 십자가가 필요합니다. 지성소로 들어가는 순간에도 반드시 십자가를 통과해야만 들어갈 수 있습니다.

그런데 여러분, 우리도 처음에 십자가를 통해 은혜 받고 십자가의 사랑에 감격해서 엉엉 울고 그렇게 거듭났습니다. 죄 사함의 감격으로 울며 계속해서 회개할 때가 있었습니다. 그런 우리가 어느 순간 십자가의 사랑을 잊어버리고 맹숭맹숭 살아갑니다. 그저 "주여, 믿습니다" 하고 아무런 감격 없이 살아갑니다. 그러면서도 교회생활 잘하고, 착하게 기도 많이 하고, 말씀도 들으며 신앙하고 있습니다.

하지만 이 단계로는 이 땅에서 하나님의 나라를 경험할 수 없습니다. 천상천국을 경험하려면 오직 한 길, 십자가를 통해 지성소로 들어가야 합니다. 물론 아직까지 거듭나지 않은 분들이 있다면 십자가의 사랑으로 속히 거듭나야 합니다. 그러나 우리가 거듭난 그리스도인이라면 십자가의 사랑을 다시금 회복하기 원하시는 하나님의 마음을 알아야 합니다. 하나님은 우리가 영적으로 더 깊은 단계에 들어가기를 원하십니다. 그러면 이 땅에서도 우리가 영생을 경험할 수 있습니다. 반드시 십자가를 통해 지성소로 들어가야 주의 보좌에 이를 수 있습니다.

기도하면 능력이 나타나고, 비전이 생기고, 방언이 해석되고, 예언이 터지고, 하늘로부터 내려오는 것들을 받게 되는 것입니다. 이 말을 바꾸어 말하면, 우리 가운데 예언하고, 병을 고치고, 다양한 은사들이 일어나는 사람들이 있는데, 그들 중에 십자가의 사랑의 감격과 은혜가 있는지, 십자가의 능력의 충만함 가운데서 하고 있는지 확인해보아야 한다는 것입니다. 하늘로부터 내려온 것인지, 세상 다른 신들로부터 오는 것인지, 그 안에 내공이 강해져서 생겨나는 것인지 의심해보아야 한다는 것입니다.

"십자가 십자가 내가 처음 볼 때에 나의 맘에 큰 고통 사라져…" 내가 그 십자가를 바라보면 떨리고, 십자가만 생각하면 놀라운 하나님의 사랑에 감격이 됩니까? 그럴 때 나타나는 하나님의 능력이 진짜입니다. 그런데 아무리 십자가를 생각해도 맹숭맹숭하고 마음에 감동이 없고 눈물도 없다면 그 사람은 영혼에 문제가 있는 것입니다. 그런데도 역사가 일어난다면 그것은 100퍼센트 귀신 씻나락 까먹는 소리입니다.

우리에게 이 십자가의 사랑의 감격이 떨어지면 그것은 병든 것입니다. 아무리 수십 시간을 앉아 기도한다 해도 십자가의 사랑의 감격이 없는 가운데서 하면 소용이 없습니다. 십자가 없이 기도하면 도를 닦는다는 사람들과 다를 것이 없습니다. 기독교가 다른 종교와 다른 기준은 하나님의 놀라운 이 십자가의 사랑에 있습니다.

지성소를 경험하는 신앙으로 나아가라

성막의 마지막 지성소의 법궤 안에는 아론의 싹 난 지팡이, 금항아리, 십계가 들어 있습니다. 이것은 각각 성령과 예수 그리스도, 거룩한 보좌에 앉으신 하나님을 의미하는데 이 지성소의 내용이 요한계시록에 기록되어 있습니다.

[1]이 일 후에 내가 보니 하늘에 열린 문이 있는데 내가 들은 바 처

음에 내게 말하던 나팔 소리 같은 그 음성이 이르되 이리로 올라 오라 이 후에 마땅히 일어날 일들을 내가 네게 보이리라 하시더라 ²내가 곧 성령에 감동되었더니 보라 하늘에 보좌를 베풀었고 그 보좌 위에 앉으신 이가 있는데 ³앉으신 이의 모양이 벽옥과 홍보석 같고 또 무지개가 있어 보좌에 둘렸는데 그 모양이 녹보석 같더라 계 4:1-3

¹내가 보매 보좌에 앉으신 이의 오른손에 두루마리가 있으니 안 팎으로 썼고 일곱 인으로 봉하였더라 … ⁶내가 또 보니 보좌와 네 생물과 장로들 사이에 한 어린 양이 서 있는데 일찍이 죽임을 당한 것 같더라 그에게 일곱 뿔과 일곱 눈이 있으니 이 눈들은 온 땅에 보내심을 받은 하나님의 일곱 영이더라 계 5:1,6

하늘에 베풀어진 보좌와 그 보좌 위에 앉으신 하나님, 일찍이 죽임을 당한 것 같은 어린 양 예수 그리스도, 온 땅에 보내심을 받은 하나님의 성령이 다 이 지성소에 있다는 것을 계시하는 말씀입니다.

하나님께서 모세에게 성막을 보여주시고 모세가 성막을 만들어 봉헌했습니다. 출애굽기 25장부터 40장에 나타난 하나님의 역사와 그 가운데서 나타난 결과가 성막입니다. 그리고 주님이 오셔서 성막 바깥에서부터 성막 뜰과 성소와 지성소에 이르는 단계로 사역하심으로 다시 온전한 하나님의 나라를 이루셨습니다. 우리가 휘장이 찢어지는 사건, 이 십자가를 통과해야만 휘장을 지나 지성소의 단계까지 들어갈 수 있다는 것을 믿으시기 바랍니다.

우리 중에 예수님을 모르는 사람이 있습니까? 없습니다. 한 번은 이미 십자가를 다 경험했습니다. 그렇다면 다시 한번 십자가를 통해서 하늘 보좌에 있는 하나님의 위엄과 거룩과 영광과 존귀와 능력과 찬송이 우리 안에 임하기를 원하는 것입니다. 예수를 믿어서 "나 구원 받았네" 기뻐 뛰는 단계를 넘어 이제는 하늘 보좌가 보이고, 그 보좌에 계신 이가 보이고, 나의 죄를 위하여 죽으신 어린 양이 내 눈에 보인다고 고백하기를 바랍니다. 일곱 영으로 지금도 내 주위와 우리의 교회를 호위하시는 성령의 운행하심이 보이고, 하나님의 나라가 보이고, 하나님의 높은 보좌가 이 땅에 임하는 것을 보는 그런 단계에 깊이 들어가기를 바랍니다. 십자가의 사랑과 능력을 다시금 세상에 흘러가게 하는 일에 쓰임 받으시기를 주의 이름으로 간절히 바랍니다.

03

성소에 들어갈 담력을 주는 십자가

하나님은 성막을 통해 일하셨습니다. 그러면 이 성막은 어디서 만들어졌을까요? 그렇습니다. 출애굽한 이스라엘 백성들이 광야에서 만들었습니다. 그런데 이 광야에서 만든 성막은 새로운 발명품이 아닙니다. 하나님께서 하늘 보좌에 이미 만들어놓으신 것입니다. 그러니까 요한계시록을 보면 알 수 있듯이 하늘 보좌에 있는 하나님의 지성소, 천국에 있는 하나님의 성스러운 기구들을 하나님께서 이 땅에 내려주셨다는 것입니다.

예수 그리스도 한 분으로 만족하는 이유

> 이미 있던 것이 후에 다시 있겠고 이미 한 일을 후에 다시 할지라 해
> 아래에는 새 것이 없나니 전 1:9

이 말씀은 우리가 무언가 새로운 것을 요구할 필요가 없다는 뜻입니다. 하나님께서는 우리에게 모든 것을 주셨습니다. 우리는 이미 은혜를 다 받았습니다. 이것을 믿으시기 바랍니다. 우리가 이것을 깨닫지 못해 계속해서 무언가를 찾는 것이 문제이지, 이것을 깨닫기만 하면 더 이상 구할 것이 없다는 것을 알게 됩니다. 누구만 있으면 되느냐 하면 예수 그리스도 한 분만 있으면 됩니다. 무엇이 더 필요합니까? 우리는 예수 그리스도 한 분으로 만족합니다.

그러면 여러분, 진짜 예수 그리스도 한 분만으로 만족하십니까? 만족이 안 될 수도 있지요. 불안할 때도 있습니다. 우리가 진짜 예수 그리스도 한 분으로 만족할 수 있는 것은 '십자가의 사랑'을 제대로 알 때입니다. 계속해서 제가 나누는 이야기는 오직 예수 그리스도에 대한 것입니다. 하나님의 나라에 대해서만 이야기하고, 하나님의 사랑에 대해서만 나눕니다. 그리고 이것은 우리가 다 안다고 하는 이야기입니다. 그런데 너무 놀라운 것은 이 말씀을 듣고 사람들이 다 좋아한다는 것입니다.

하나님의 사랑에 대해서, 예수 그리스도에 대해서, 오직 성경 말씀만 전하는데도 사람들이 좋아서 어쩔 줄 모른다는 것입니다.

저는 모두가 예수 그리스도에 목말라 있고, 말씀 자체에 목말라 있다는 것을 깨닫고 엄청난 쇼크를 받았습니다. 더 이상의 미사여구나 멋진 표현으로 성도들의 귀와 마음을 즐겁게 해주는 단계는 이미 지났다고 생각합니다. 홍수에 물이 많아도 가장 필요한 것은 마실 물입니다. 우리가 먹기 힘들어도 진짜 복음의 진수, 하나님의 말씀을 먹어야 하는 것처럼 십자가 이야기를 계속해서 들어야 합니다. 우리는 십자가의 위대한 사랑을 계속해서 받아 누려야 합니다. 왜냐하면 이 십자가의 사랑과 은혜는 창세 전부터 준비되었고, 2천 년 전 예수 그리스도의 십자가로 성취되었으며, 그 사랑의 물결이 흘러 흘러 오늘 나에게 이르렀기 때문입니다. 이보다 더 귀중한 것이 무엇일까요?

지성소를 보지 못하도록 디자인되었다?

성막의 사역 중 휘장이 십자가의 단계이며 성소의 휘장이 찢어진 것은 십자가의 예수 그리스도, 그분의 몸이 찢어진 것을 의미한다고 했습니다. 휘장은 성소와 지성소 사이를 가로막고 있는 커튼입니다. 성소와 지성소 사이를 가로막았다는 것은 성소에서 지성소를 보지 못하도록 디자인되었다는 것입니다. 그러면 하나님께서 왜 그렇게 디자인하셨을까요? 하나님을 위해서였을까요? 우리를 위해서였을까요? 그것은 우리를 위해서입니다.

이스라엘 백성들은 하나님을 보게 되면 살아남지 못한다는 것을 잘 알고 있었습니다. 우리가 잘 아는 이사야 선지자 역시 하나님이 계신 곳, 하늘 보좌를 바라보게 되었을 때 이렇게 말했습니다.

> ¹웃시야 왕이 죽던 해에 내가 본즉 주께서 높이 들린 보좌에 앉으셨는데 그의 옷자락은 성전에 가득하였고 ²스랍들이 모시고 섰는데 각기 여섯 날개가 있어 그 둘로는 자기의 얼굴을 가리었고 그 둘로는 자기의 발을 가리었고 그 둘로는 날며 ³서로 불러 이르되 거룩하다 거룩하다 거룩하다 만군의 여호와여 그의 영광이 온 땅에 충만하도다 하더라 … ⁵그 때에 내가 말하되 화로다 나여 망하게 되었도다… 사 6:1-3,5

이사야가 열린 하늘 문을 통해 보좌에 계신 주를 보게 되었을 때 천사들처럼 "하나님, 멋지십니다. 너무 좋아요" 이렇게 말한 것이 아니라 "옴마야, 나는 이제 죽었다!"라고 이야기하는 것입니다. 우리가 세상에서 엄청난 자연 광경만 봐도 순간 말문이 막히고 숙연해지는 것처럼 이사야가 "화로다 나여 망하게 되었도다"라고 말한 것은 하나님의 존엄과 그 위엄을 말로 다 표현할 수 없다는 뜻이기도 합니다.

그러니까 휘장이 중요한 것입니다. 휘장이 성소와 지성소 사이를 가로막았다는 것은 지성소에 나타나 있는 현존하시는 하나님의 영광을 보지 못하게 했다는 것입니다. 사람들이 하나님의 영광을 바라보았을 때 바로 죽기 때문입니다. 그런데 이 휘장이 무엇이냐 하면 예수 그리스도의 '몸'이라고 기록되어 있습니다.

사랑의 대기권

> ¹⁹그러므로 형제들아 우리가 예수의 피를 힘입어 성소에 들어갈 담력을 얻었나니 ²⁰그 길은 우리를 위하여 휘장 가운데로 열어 놓으신 새로운 살 길이요 휘장은 곧 그의 육체니라 히 10:19,20

"휘장은 곧 그의 육체니라." 예수님께서 성소와 지성소 사이를 휘장인 자신의 몸으로 막으셨다는 것입니다. 그러면 여러분, 한 번 생각해보세요. 예수님의 몸인 이 휘장이 성소와 지성소 사이를 막은 것이 일시적이었겠습니까? 지속적이었겠습니까? 계속적이었지요. 휘장이 예수님의 몸이라는 말은 예수님이 죄인인 우리에게 하나님의 공의가 쏟아지지 않도록 우리를 항상 보호하셨다는 것입니다. 그러니까 지금까지 우리가 죄를 짓고도 살아 있는 이유는 예수님의 보호하심 때문입니다.

죄인 중에 죄인인 저 역시 죽지 않고 지금껏 살아 있는 것을 보니, 예수님이 나의 죄를 다 아시면서도 하나님의 공의가 쏟아지지 못하게끔 막고 계셨기 때문이라는 것을 생각할 때 얼마나 감사한지 모릅니다. 우리가 생각해볼 것은 주님이 계속해서 우리를 용납하고 계셨다는 점입니다. 주님이 십자가 사건을 계기로 십자가에 못 박히시기 전부터 주님은 계속 우리를 지켜주셨습니다. 이것이 얼마나 감격적으로 다가옵니까?

저도 부모이지만 내 자식이 잘못할 때 어떤 자식이 싫을 때도 있지 않나요? 그런데 우리 주님은 우리가 죄를 짓고 있을 때조차 계속해서 우리를 보호하고 계셨습니다. 저는 죄 문제로 고민하고 고통당하는 분들에게 주님이 우리를 어떻게 바라보시는지 그 시각을 바꾸시라고 말하고 싶습니다. '내가 죄를 지어서 주님이 나를 싫어하시겠지? 나를 미워하시겠지?' 이렇게 생각하시는 분이 있다면 그 생각을 좀 바꾸시면 좋겠습니다. 여전히 주님은 하나님의 공의가 우리 가운데 나타나지 않게끔 우리를 지켜주고 계십니다.

이것은 마치 대기권이 없다면 태양열에 의해 우리가 다 타 죽을 텐데, 대기권이 있기 때문에 우리에게 나쁜 빛이 차단되어 우리가 잘 살아갈 수 있는 것에 비유할 수도 있습니다. 하나님의 공의가 우리에게 직통으로 쏟아지지 않고 예수 그리스도의 은혜라는 하나님의 사랑이 나타나 우리가 그 은혜 가운데 살아

　　　　　　　　　　　　　　　　　　　　　　　　살려내심

간다는 것입니다.

그런데 그럼에도 불구하고 하나님은 하나님 자신을 우리에게 보여주고 싶어 하십니다. 당신 자체를 직접 계시하고 싶어 하십니다. 성소에 머무는 성도와 지성소에 머무는 성도는 그 계시의 차원이 다르다는 것을 이해하시기 바랍니다. 하나님은 하나님이 계신 놀라운 지성소로 하나님의 자녀들이 오기를 바라십니다. 그렇게 하기 위해서는 우리에게 있는 죄 문제를 없애주셔야 하고, 그 죄 문제를 없애주시기 위해 예수님이 십자가를 짊어지신 것입니다. 따라서 십자가는 죄인들이 하나님의 성소에 들어갈 담력을 얻게 합니다.

아버지 집에 데려가고 싶은 하나님 아버지

휘장은 청색, 자색, 홍색 실과 가늘게 꼰 베실로 짜서 만들었기 때문에 사람이 아무리 잡아당겨도 찢어지지 않을 정도로 엄청나게 강합니다. 그런데 이 휘장이 어떻게 찢어졌느냐 하면 위에서 아래로 찢어졌습니다. 그러니까 이것은 하나님께서 하나님의 손으로 휘장을 잡아 찢으셨다는 것입니다. 예수 그리스도를 십자가에 달아 그의 몸을 찢으신 것입니다. 우리의 죄를 위해서 그렇게 하셨을 뿐만 아니라, 자기 아들을 하나님이 직접 찢으셨습니다. 하나님께서 직접 하신 것입니다. 하나님이 허락하지 않으셨는데 감히 누가 하나님의 아들을 그렇게 할 수 있었겠습니까? 왕이 허락했기 때문에 십자가에서 그 일이 일어난 것입니다.

왜냐하면 우리가 지성소에 들어올 수 있게 하기 위해서입니다. 하나님은 하나님의 자녀들이 하나님의 지성소 안으로 깊이 들어오기를 원하십니다. 하나님의 자녀들이 지성소 안으로 들어와 하나님과 진심으로 교제를 나누기 원하십니다. 지성소 안에 있는 놀라운 아름다움, 창세 전에 아버지와 아들과 성령과 그 십자가 속에서 살았던 영원한 천국의 아름다움을 가질 수 있게 하기 위해서라는 것입니다. 여러분, 이것이 십자가의 사랑입니다.

자식이 집을 나가 죄를 많이 지었습니다. 재산을 탕진하고 아버지를 욕하고 몹쓸 짓을 다 하다가 잘못을 뉘우치고 아버지를 만나 아버지에게 용서를 구했습니다. 그러자 아버지가 "그래, 알겠다. 내가 네 죄를 용서하마. 그렇지만 집으로 돌아오는 것은 허락할 수 없다" 그랬다면 그것이 아버지의 진정한 용서일까요?

저는 거의 30년 동안 아버지를 만나지 못했습니다. 아버지가 없었죠. 그리고 제 나이 서른 살에 아버지를 만났습니다. 그런데 아버지는 가장 먼저 당신이 살고 있는 집에 저를 데려가기를 원하셨어요. 그리고 당신이 가지고 있는 소장품들을 보여주셨습니다. 당신이 가지고 있던 나에 대한 생각들을 들려주기 원

살려내심

하셨습니다. 저를 아버지 방에 데려가서 앉혀 놓고 하시는 말씀이 "아들아, 이건 네가 초등학교 2학년 때 읽을 책이고, 이것은 네가 중학교 1학년 때 읽을 책이고, 이것은 고등학교 때 읽을 책이고, 이건 네가 대학에 가서 읽을 책이다"라고 하시며 언제 그 책들을 샀는지 일일이 저에게 설명해주셨습니다.

그때까지만 해도 저는 아버지가 저를 버린 줄 알았습니다. 그런데 아버지 방에 가보니 모든 것이 다 저를 위해 준비되어 있는 것을 보았습니다. 탕자가 집으로 돌아왔을 때 아버지가 그 아들에게 어떻게 했습니까? 제일 좋은 옷을 입혀주었고, 손에 가락지를 끼워주었고, 발에 신을 신기고, 살진 송아지를 잡아 잔치를 열어주었습니다. 그것이 우리 아버지가 자녀에게 해주고 싶어 하는 일이라는 것입니다.

우리 하나님 아버지도 바로 그렇습니다. 이 땅에 사는 우리가 예수 그리스도의 십자가의 공로에 힘입어 성소에서 지성소로 들어가는 그 은혜의 순간, 우리가 이 땅에서 사는 인생이 참 쉬워집니다. 참 재밌어집니다. 참 기쁨이 있습니다.

자녀는 고아처럼 살지 않는다!

그런데 예수를 믿는다고 하면서 우리가 얼마나 고아처럼 살고 있습니까? 어찌 보면 이것은 잘못된 생활입니다. 바울은 왜 항상 기뻐하라고 말합니까? 자신이 비천에 처할 줄도 알고, 풍부에 처할 줄도 알고, 궁핍에 처할 줄도 아는 일체의 비결을 배웠다는 말을 어떻게 할 수 있습니까?

주 안에서 항상 기뻐하라 내가 다시 말하노니 기뻐하라 빌 4:4

11내가 궁핍하므로 말하는 것이 아니니라 어떠한 형편에든지 나는 자족하기를 배웠노니 12나는 비천에 처할 줄도 알고 풍부에 처할 줄도 알아 모든 일 곧 배부름과 배고픔과 풍부와 궁핍에도 처할 줄 아는 일체의 비결을 배웠노라 13내게 능력 주시는 자 안에서 내가 모든 것을 할 수 있느니라 빌 4:11-13

여러분, 십자가의 놀라운 사랑과 하나님의 은혜의 사랑을 경험하면, 정말 그 안으로 들어가면 우리의 삶이 완전히 바뀔 수 있습니다. 이 십자가의 사랑을 정확히 깨달으면 하늘에 보좌를 베푸신 하나님의 능력의 원리를 이 땅에서도 받을 수가 있습니다. 휘장이 바로 예수 그리스도의 몸입니다. 이 십자가가 결국 우리가 성소와 지성소로 들어갈 수 있도록 그분의 육체를 찢어 열어놓으신 새로운 길입니다. 십자가로 우리의 죄 문제를 해결하여 그 길이 이루어지게 하셨습니다. 이것이 십자가의 사랑입니다. 이 놀라운 십자가의 사랑과 능력을 받는 여러분이 되기를 바랍니다.

04

예수 그리스도의 몸과 피

성경에 '십자가'라는 단어가 나올 때뿐만 아니라, 이 말이 나온다면 이것이 십자가를 가리키고 하나님의 사랑을 의미한다고 생각하면 성경 해석이 쉬워지는 표현들이 몇 가지 있습니다.

그리스도의 몸과 십자가

첫째, '그리스도의 몸'이라는 단어가 나오면 십자가를 떠올리시기 바랍니다. 그리스도의 몸 하면 이것은 십자가의 사랑이라고 생각하면 됩니다.

그러므로 내 형제들아 너희도 그리스도의 몸으로 말미암아 율법에 대하여 죽임을 당하였으니 이는 다른 이 곧 죽은 자 가운데서 살아나신 이에게 가서 우리가 하나님을 위하여 열매를 맺게 하려 함이라 롬 7:4

이 구절에 '십자가'라는 단어는 없습니다. 그런데 "너희도 그리스도의 몸으로 말미암아…"라는 할 때 '그리스도의 몸'을 십자가로 생각하고 읽는다면 "너희도 '십자가로' 말미암아 율법에 대하여 죽임을 당하였으니…" 이렇게 해석이 됩니다. 하나님이 이 땅에 몸을 입고 오신 것은 십자가에 달리시기 위해 몸이 필요했다는 것이고, 그리스도께서 십자가를 위하여 오셨으며, 그 십자가는 하나님의 사랑과 은혜의 능력을 나타낸다고 이해하시면 됩니다.

이제는 그의 육체의 죽음으로 말미암아 화목하게 하사 너희를 거룩하고 흠 없고 책망할 것이 없는 자로 그 앞에 세우고자 하셨으니 골 1:22

"그의 육체의 죽음으로 말미암아", 이것이 십자가입니다. 그러니까 하나님께서 그의 몸의 죽음으로, 십자가로 우리와 화목하게 되셔서 우리를 거룩하고 흠 없고 책망할 것이 없는 자로

살려내심

하나님 앞에 세우셨다는 것입니다. 결국 하나님과 화목하게 되는 일, 그리고 성도를 거룩하고 흠 없고 책망할 것이 없게 하는 것이 십자가의 능력이라고 할 수 있습니다.

이 뜻을 따라 예수 그리스도의 몸을 단번에 드리심으로 말미암아 우리가 거룩함을 얻었노라 히 10:10

여기서도 "예수 그리스도의 몸을 단번에 드리셨다"는 것이 십자가의 사건을 설명합니다. 그렇다면 우리가 거룩함을 얻은 것이 십자가 때문이라는 말씀이 됩니다. 하나님께서는 "내가 거룩하니 너희도 거룩할지어다"라고 말씀하셨습니다. 그래서 우리가 거룩하려고 열심히 노력하지만 우리는 우리의 노력으로 거룩해질 수 없습니다. 십자가를 모르는 이스라엘 백성들도 열심히 율법을 지켰습니다. 거룩해지기 위해서 그렇게 한 것입니다. 그러나 이제 이 '십자가의 도'를 알면 거룩해지기 위해서 십자가를 붙잡는다는 것입니다.

이 놀라운 십자가의 사랑을 진짜 깨달으면 우리는 하루만에도 거룩해지고 하나님처럼 온전해질 수 있습니다. 내가 거룩해지는 역사가 일어나면 아무도 나를 함부로 하지 못합니다. 여러분, 정말 깨끗한 곳에 가면 발을 내딛기가 조심스럽고 감히 손을 대기가 어렵습니다. 거룩하기 때문입니다. 십자가의 능력과 그 은혜를 경험할 때 우리에게 이 거룩의 역사가 이루어집니다.

> 친히 나무에 달려 그 몸으로 우리 죄를 담당하셨으니 이는 우리로 죄에 대하여 죽고 의에 대하여 살게 하려 하심이라 그가 채찍에 맞음으로 너희는 나음을 얻었나니 벧전 2:24

"친히 나무에 달려 '그 몸'으로…"라는 표현이 십자가입니다. 십자가는 우리의 죄를 담당합니다. 우리는 이 십자가를 통하여 죄에 대해서는 죽고 의에 대해서는 다시 살게 됩니다. 또 주님이 그 몸에 채찍을 맞았기 때문에 우리가 나음을 입었다고 했는데, 십자가의 사건은 우리의 몸과 관계됩니다. 왜냐하면 우리의 몸이 죄를 짓기 때문입니다. 십자가는 우리 육체가 지은 죄 문제를 철저히 도말하는 것입니다.

죄와 함께 죽는 십자가

여러분은 죄와 싸웁니까? 안 싸웁니까? 죄와 싸우지요. 그러면 죄와 싸워서 이깁니까? 집니까? 질 때가 더 많습니까? 우리는 전부 다 죄와 싸운다고 생각하고 죄와 싸우는 것이 맞다고 생각합니다. 그러나 베드로전서의 말씀과 같이 죄와는 싸우는 게 아니라 죽는 것입니다. 우리는 내 안에 누군가를 미워하는 마음이 확 올라올 때 '내가 미워하지 말아야지!' 하고 싸웁니다. '하나님, 그 사람이 안 밉게 해주세요' 이러면서 계속 싸웁니다. 하지만 그러면 이 싸움이 끝나지 않습니다. 그러나 죄와 싸우고자 하는 마음이 올라올 때 그 죄에 대하여 죽어버리면 죄가 없어집니다. 죄와 함께 내가 죽는 것입니다.

한번은 밤에 산 기도를 하는데 하나님께서 뭔가를 보여주셨습니다. 그것은 종이였는데 그것이 저의 죄라는 것을 저는 금세 알 수 있었습니다. 하나님은 밤새 그 종이를 잡아 찢으며 제가 죄와 함께 죽는 기도를 하게 하셨습니다. "아버지… 제 안에 이 미워하는 마음, 이거!", "아버지… 나의 이 야망!", "아버지… 내 안에 음란한 것들!", "아버지… 나의 거짓된 것들!", "아버지… 내가 하고자 하는 명예적인 것들, 이거요!" 하면서 계속 찢었습니다. 계속 나오면 찢고 또 찢고 얼마나 많이 찢었는지 모릅니다.

여러분, 죄에 대하여 의에 대하여 심판에 대하여 세상을 책망하시는 분이 바로 성령님입니다.

> [7]그러나 내가 너희에게 실상을 말하노니 내가 떠나가는 것이 너희에게 유익이라 내가 떠나가지 아니하면 보혜사가 너희에게로 오시지 아니할 것이요 가면 내가 그를 너희에게로 보내리니 [8]그가 와서 죄에 대하여, 의에 대하여, 심판에 대하여 세상을 책망하시리라

⁹죄에 대하여라 함은 그들이 나를 믿지 아니함이요 ¹⁰의에 대하여라 함은 내가 아버지께로 가니 너희가 다시 나를 보지 못함이요 ¹¹심판에 대하여라 함은 이 세상 임금이 심판을 받았음이라

요 16:7-11

우리가 죄에 대하여 죽고, 의에 대하여 살고, 병 고침을 받는데 이 십자가가 역할을 합니다. 그런데 십자가가 이 역할을 하기 위해서는 성령이 없으면 안 됩니다. 왜냐하면 이 십자가의 사건이 분명할지라도 그것이 우리 가운데 능력으로 나타나려면 성령이 역사해야 하고, 오직 성령으로만 우리가 십자가의 놀라운 사랑을 알 수 있고 믿을 수 있기 때문입니다. 그래서 주님은 내가 가서 너희에게 보혜사를 보내겠다고 말씀하십니다.

그리스도의 피로 사신 교회

둘째, '그리스도의 피'라는 말이 나오면 십자가를 떠올리시기 바랍니다.

여러분은 자기를 위하여 또는 온 양 떼를 위하여 삼가라 성령이 그들 가운데 여러분을 감독자로 삼고 하나님이 자기 피로 사신 교회를 보살피게 하셨느니라 행 20:28

교회는 예수 그리스도의 피, 즉 십자가 이후에 생겨났습니다. 교회라는 단어가 가장 먼저 등장하는 것은 마태복음 16장에 베드로의 신앙고백을 받으신 주님의 대답입니다.

16시몬 베드로가 대답하여 이르되 주는 그리스도시요 살아 계신 하나님의 아들이시니이다 17예수께서 대답하여 이르시되 바요나 시몬아 네가 복이 있도다 이를 네게 알게 한 이는 혈육이 아니요 하늘에 계신 내 아버지시니라 18또 내가 네게 이르노니 너는 베드 로라 내가 이 반석 위에 내 교회를 세우리니 음부의 권세가 이기지 못하리라 마 16:16-18

예수님은 "이 반석 위에 '내 교회'를 세우겠다"라고 말씀하셨 습니다. 예수님이 말씀하신 바로 그 교회가 십자가 이후에 세 워진 것입니다. 주님은 자기 피로 십자가의 사건을 완성하고 나서 교회를 세울 것이라고 선포하신 것입니다. 십자가의 결과 가 곧 교회의 탄생입니다. 그렇다면 교회와 십자가는 떼려야 뗄 수 없고, 교회는 반드시 십자가를 이야기해야 하고, 주님의 십 자가를 말하지 않는 교회는 교회도 아니라고 할 수 있습니다.

이 예수를 하나님이 그의 피로써 믿음으로 말미암는 화목제물로 세우셨으니 이는 하나님께서 길이 참으시는 중에 전에 지은 죄를

간과하심으로 자기의 의로우심을 나타내려 하심이니 롬 3:25

"이 예수를 하나님이 그의 피로써···" 이때 '그의 피'를 십자가로 읽으면 "십자가로써 믿음으로 말미암는 화목제물을 세우셨다"는 것입니다.

그러면 이제 우리가 그의 피로 말미암아 의롭다 하심을 받았으니 더욱 그로 말미암아 진노하심에서 구원을 받을 것이니 롬 5:9

"그의 피로 말미암아 의롭다 하심을 받았다"는 말씀은 우리가 "십자가로 인하여 의롭다 하심을 받는다", "십자가로 인하여 구원함을 받는다"는 말씀입니다. 이 말씀을 믿으시기 바랍니다.

우리는 그리스도 안에서 그의 은혜의 풍성함을 따라 그의 피로 말미암아 속량 곧 죄 사함을 받았느니라 엡 1:7

¹²그 때에 너희는 그리스도 밖에 있었고 이스라엘 나라 밖의 사람이라 약속의 언약들에 대하여는 외인이요 세상에서 소망이 없고 하나님도 없는 자이더니 ¹³이제는 전에 멀리 있던 너희가 그리스도 예수 안에서 그리스도의 피로 가까워졌느니라 엡 2:12,13

"그의 피로 말미암아 속량 곧 죄 사함을 받았다", 즉 "십자가로 말미암아 속량, 죄 사함, 구원을 받았다"라는 말씀입니다. "그리스도의 피로 가까워졌다"는 에베소서 말씀 역시 그리스도와 아무 관계도 없고, 약속의 언약과도 무관하고, 아무 소망도 없고, 하나님도 없이 살았던 자였는데 예수 그리스도의 십자가로 하나님과 가깝게 되어 하나님의 나라에 담대히 들어갈 수 있게 되었음을 언급하는 것입니다.

십자가의 피로 화평을 이루사

그의 십자가의 피로 화평을 이루사 만물 곧 땅에 있는 것들이나 하늘에 있는 것들이 그로 말미암아 자기와 화목하게 되기를 기뻐하심이라 골 1:20

"그의 십자가의 피로 화평을 이루사…", 여러분, 십자가의 사랑은 화목케 하는 사랑입니다. 십자가의 사랑이 우리 가정에 있을 때 가정이 화목합니다. 우리의 남편과 아내, 부모와 자녀 사이에 화평이 이루어지려면 반드시 십자가의 사랑이 있어야 합니다. 십자가는 화평케 하는 정말 놀라운 능력입니다.

¹²염소와 송아지의 피로 하지 아니하고 오직 자기의 피로 영원한

속죄를 이루사 단번에 성소에 들어가셨느니라 … 14하물며 영원하신 성령으로 말미암아 흠 없는 자기를 하나님께 드린 그리스도의 피가 어찌 너희 양심을 죽은 행실에서 깨끗하게 하고 살아 계신 하나님을 섬기게 하지 못하겠느냐 히 9:12,14

예수 그리스도는 성령으로 잉태되어 태어나신 죄가 없는 분입니다. 그분이 흘리신 피는 우리의 양심을 깨끗하게 할 수 있는 피이고, 죽은 행실을 버릴 수 있게 하는 피입니다. 뿐만 아니라 살아 계신 하나님을 섬기지 못하던 자들이 하나님을 섬길 수 있게 하는 피입니다.

하나님을 섬기지 못하고 방황하는 자녀가 있습니까? 남편이 있습니까? 자녀에게 가서, 그리고 잠든 남편을 살짝 붙잡고 이렇게 기도해보십시오. "이 자녀에게 예수 그리스도의 피가 임할지어다!", "하나님, 내 남편이 하나님을 못 섬기고 있는데, 예수 그리스도의 피가 그에게 들어가 하나님을 잘 섬기게 해주옵소서" 그러면 하나님을 잘 섬기게 될 줄 믿습니다. 예수 그리스도의 피가 살아 계신 하나님을 섬기게 한다고 하신 이 성경 말씀을 저는 그대로 믿습니다.

그리스도의 피 뿌림을 얻기 위하여 택함 받은 자

> 곧 하나님 아버지의 미리 아심을 따라 성령이 거룩하게 하심으로
> 순종함과 예수 그리스도의 피 뿌림을 얻기 위하여 택하심을 받은
> 자들에게 편지하노니 은혜와 평강이 너희에게 더욱 많을지어다
>
> 벧전 1:2

"예수 그리스도의 피 뿌림을 얻기 위하여 택함 받은 자들에게…"라고 합니다. 우리가 택함을 받았는데 그것은 예수 그리스도의 피 뿌림을 받기 위해 택함을 받았다는 것입니다. 여러분, 예수 그리스도의 피가 그립습니까? 우리에게 주님의 피가 필요합니다. 이것은 실제입니다. 이것을 구하는 자들에게 성령으로 그리스도의 피를 주실 것입니다.

제가 중국에서 귀신을 쫓아내며 사역할 때 예수 이름으로 아무리 명령해도 안 나갈 때 그 사람에게 손을 얹고 이렇게 기도합니다. "주님, 주님이 십자가에서 흘리신 피, 무한한 사랑 때문에 흘리신 피, 이 딸을 위하여 흘리신 그 피가 분명하니 그 피가 지금 이 딸에게 수혈되게 하여주십시오. 이 딸에게 뿌린 바되게 하여주십시오." 이 기도에 그 자매가 "아멘" 하면 귀신이 떠나갑니다. 그런데 그렇지 않은 귀신이 어떻게 했는지 아십니까? 입 안의 무언가를 뿜어내듯이 "푸우우우우" 이럽니다. 정말

입니다.

저는 중국에서 사역했지만 중국어를 할 줄 모릅니다. 통역을 쓰지 않고 그냥 한국말로 합니다. "예수의 피가 수혈될지어다!"라고 했는데, 중국 사람이 한국말을 어떻게 알아듣습니까? 그런데 여러분, 귀신이 한국말을 알아듣습니다. 예수의 피가 뿌려진다는 말을 알아들은 귀신이 그것이 못 들어오게끔 반대로 뿜어내는 행동을 한 것입니다. 중국에서 사역하다보면 엄청난 영적 전쟁이 있는데 그때 예수 그리스도의 피의 능력이 나타납니다.

여러분, 온 집에 그리스도의 피를 바르시기 바랍니다. 유월절 어린 양의 피를 발라도 사망이 떠나는데, 예수 그리스도의 피가 있는 여러분의 가정에 어떻게 죽음의 사자가 침범할 수 있겠습니까? 예수 그리스도의 피가 여러분의 자녀들 가운데 다 뿌려지는 역사가 일어나기를 바랍니다.

십자가의 피의 능력

그가 빛 가운데 계신 것같이 우리도 빛 가운데 행하면 우리가 서로 사귐이 있고 그 아들 예수의 피가 우리를 모든 죄에서 깨끗하게 하실 것이요 요일 1:7

우리가 어떤 죄 가운데 있더라도 예수의 피가 우리를 죄에서 깨끗케 할 것입니다.

> ⁹그들이 새 노래를 불러 이르되 두루마리를 가지시고 그 인봉을 떼기에 합당하시도다 일찍이 죽임을 당하사 각 족속과 방언과 백성과 나라 가운데에서 사람들을 피로 사서 하나님께 드리시고 ¹⁰그들로 우리 하나님 앞에서 나라와 제사장들을 삼으셨으니 그들이 땅에서 왕 노릇 하리로다 하더라 계 5:9,10

세계 모든 민족들 가운데서 사람들을 '십자가'의 피로 사서 하나님께 드리고, 하나님 앞에서 나라와 제사장들을 삼으셨고, 그들이 이 땅을 다스릴 것입니다. 그것이 십자가의 피의 능력입니다. 이 놀라운 십자가의 능력이 이미 주어졌는데도, 우리가 이것을 믿음으로 취하지 않기 때문에 우리 가운데 능력이 나타나지 못하고 있는 것입니다. 이 능력을 취하는 여러분이 되기를 바랍니다.

그리스도의 몸이 십자가에 죽어 우리가 거룩함을 입었고, 이 죽음으로 인하여서 우리가 화평을 얻었고, 이 죽음으로 인하여서 우리가 나음을 입었습니다. 그리스도의 피로 교회를 사셨고, 그리스도의 피로 하나님과 가까워졌고, 그리스도의 십자가의 피로 화평을 이루었고, 그 피로 인하여서 우리가 나라와 제사장이 되었고, 모든 죄에서 해방되었습니다. 이것이 십자가의 능력의 은총입니다. 이 위대한 하나님의 사랑을 모두 다 경험하기를 바랍니다.

05

십자가에 달리신 하나님

로마서 1장에서 바울은 "내가 복음을 부끄러워하지 않는다"라고 했는데, 여러분은 복음이 부끄럽습니까? 안 부끄럽습니까? 대중식당에서 눈 감고 큰소리로 기도하는 사람을 보면 얼굴이 화끈거리지 않나요? 거리나 전철에서 "예수 천당 불신 지옥" 이렇게 전도하는 사람을 보면 슬금슬금 피하지 않습니까? 아니면 같이 "할렐루야!" 이렇게 하십니까?

우리는 교회 안에서는 복음을 절대 부끄러워하지 않습니다. 그런데 세상에서는 부끄러워하는 사람이 있습니다. 예수 믿는 티를 안 내는 사람도 있습니다. 저도 제 자신에게 솔직히 물어

보면 어떨 때는 부끄러워할 때가 있는 것 같습니다. 저만큼 큰 소리치며 담대히 복음을 전하는 사람이 없다 싶다가도 어떨 때 보면 정말 비겁한 베드로와 같을 때가 있다는 것입니다.

십자가가 복음이다!

> 내가 복음을 부끄러워하지 아니하노니 이 복음은 모든 믿는 자에게 구원을 주시는 하나님의 능력이 됨이라 먼저는 유대인에게요 그리고 헬라인에게로다 롬 1:16

바울은 "복음을 부끄러워하지 않는다"라고 말하고 "이 복음은 모든 믿는 자에게 구원을 주시는 하나님의 능력이 된다"고 이야기합니다. 우리는 '십자가의 도'가 하나님의 능력이요 하나님의 지혜라는 것을 이미 살펴보았습니다.

> [17]그리스도께서 나를 보내심은 세례를 베풀게 하려 하심이 아니요 오직 복음을 전하게 하려 하심이로되 말의 지혜로 하지 아니함은 그리스도의 십자가가 헛되지 않게 하려 함이라 [18]십자가의 도가 멸망하는 자들에게는 미련한 것이요 구원을 받는 우리에게는 하나님의 능력이라 고전 1:17,18

복음이 하나님의 능력이고 십자가의 도가 하나님의 능력이라면 복음이 곧 십자가의 도라고 표현할 수 있을 것입니다. 다시 말하면 십자가가 복음이고, 십자가가 하나님의 능력이고, 십자가가 하나님의 지혜입니다.

나는 왜 십자가를 부끄러워하는가?

바울이 왜 "내가 복음을 부끄러워하지 않는다"라고 말하느냐 하면, 반대로 다른 누군가는 "복음을 부끄러워한다"라는 말이 됩니다. 그러면 왜 부끄러워할까요? 무엇을 부끄러워합니까? 십자가에 누가 달려 돌아가셨습니까? 주님이시지요. 그러면 십자가가 있기 전에 제자들이 예수님을 부끄러워했습니까? 부끄러워하지 않았습니까?

제자들은 3년 동안 예수님을 따라다녔고, 사람들은 주님을 자랑하고 높이고 "호산나 다윗의 자손이여" 하면서 주님을 찬양했습니다. 그러나 예수님이 십자가에 오르시자 그 십자가가 부끄러워서 전부 다 도망가버리고 맙니다. 십자가가 없는 예수는 부끄러워하지 않습니다. 십자가 지지 않을 때는 주님을 다 따라다녔는데 막상 예수님이 십자가를 지기 위해 잡히시고 수난당하시고 십자가에 달리셨을 때는 요한을 뺀 다른 제자들이 모두 예수님을 버리고 도망갔습니다.

이것은 매우 중요한 영적 현상입니다. 지금 예수를 믿는 우리

중에도 십자가를 끝까지 따라가는 사람이 있는 반면에 중간에 도망칠 사람이 있다는 것입니다. 마지막 때가 가까울수록 예수를 배반하는 사람들이 나온다는 것입니다. 제일 큰소리친 베드로 역시 예수님을 세 번이나 부인하고 저주했습니다. 교회도 마찬가지입니다. 수많은 사람들이 고난이 없을 때 십자가가 없을 때는 다 따라옵니다. 그런데 교회에 어려운 일이 생기면 도망칩니다. 건축을 하거나 선교를 하거나 아주 부담스러운 일들이 시작되면 정말 도망갑니다.

지금 우리는 너무 편한 상황에서 예수를 믿고 있습니다. 예수 믿는다고 누가 방해하지 않습니다. 그러나 중국 같은 경우, 아무 때나 아무 곳에서나 예배를 드릴 수가 없습니다. 사람들을 모아 복음을 전하면 그 자체가 범법입니다. 그런 위험 가운데서도 복음 전하는 일을 할 수 있는 것은 십자가를 통과했기 때문입니다. 십자가를 통과해야 끝까지 주님을 따라갈 수 있다는 것입니다.

예수 믿는다고 하면서 우리는 너무 자신만만합니다. 정말 큰소리 뻥뻥 칩니다. 그런데 진짜 십자가를 져야 할 때 그 십자가를 따라가야 할 때는 겁을 내고 내뺍니다. 우리가 십자가의 도라는 진리, 예수 그리스도의 본질을 붙잡아야만 주위에서 아무리 욕하고 비웃어도 괜찮다 하고 십자가를 따라갈 수 있습니다. 주와 함께 죽으러 가자고 해도 따라나서서 주를 위해 죽을 수 있습니다.

부활하신 주님을 만나라

그러면 바울이 왜 "나는 복음(십자가)을 부끄러워하지 않는다"라고 이야기했을까요? 바울은 십자가를 멸시하고 천대하고 십자가에 달린 예수를 핍박했던 행악자였습니다. 그런 그가 복음을 부끄러워하지 않는다는 말을 어떻게 했겠습니까? 그가 만났기 때문입니다. 십자가를 지시고 우리를 위해 죽으신 예수 그리스도를 만났기 때문입니다. 그가 다메섹 도상에서 부활하신 주님의 음성을 들었고 부활하신 주님을 만났습니다. 십자가를 부끄러워하지 않고 끝까지 주님을 따라갈 수 있으려면 우리도 그 주님을 만나야 됩니다. 누가 뭐라 해도 부활하신 주님을 꼭 만나야 됩니다.

이 마지막 때는 주님을 만나지 않으면 신앙을 다 잃습니다. 주님을 만나지 않으면 마지막 배교의 때에 정말 핍박이 오고 환난이 올 때 주님을 끝까지 따라갈 수 없습니다. 예수님이 예루살렘에 올라가 고난을 받고 죽임을 당하고 제삼일에 살아나야 할 것을 말씀하셨을 때 베드로가 예수님을 붙들고 뭐라고 했습니까? "주님, 안 됩니다. 절대로 그런 일이 있어서는 안 됩니다"라고 큰소리쳤습니다. 이것이 베드로의 본심입니다. 주를 위해 죽겠다고 말은 할 수 있습니다. 그러나 실제로 십자가 앞에 서면 십자가를 부인할 수밖에 없는 것이 연약한 우리입니다.

그 베드로가 나중에 십자가에 거꾸로 매달려 순교했습니다. 그가 어떻게 그렇게 할 수 있었을까요? 요한복음 21장에 제자들에게 나타나신 예수님이 베드로에게 "요한의 아들 시몬아 네가 나를 사랑하느냐?"라고 물으셨을 때 베드로가 "내가 주님을 사랑하는 줄 주님께서 아십니다"라고 이야기했습니다. 베드로에게 이 만남이 있었기 때문에 그가 십자가에 달려 죽을 수 있었다는 것입니다. 우리도 주님을 만나야 진짜 신앙을 붙들고 살아갈 수 있다는 것을 기억하시고 꼭 주님을 만나시기 바랍니다.

십자가에 달리신 하나님

제가 호주에 와서 신학교에 들어갔을 때 정말 가난했습니다. 책 살 돈조차 없어서 도서관에서 살다시피 했습니다. 특히 책을 읽고 에세이를 써야 하는데 책이 없어서 곤란할 때가 많았습니다. 그러면 같은 반 친구들 중에 책을 읽고 에세이를 다 쓴 친구를 찾아 그 책을 빌려서 읽고 에세이를 쓰곤 했습니다.

한번은 이런 에세이 주제가 있었습니다. "하나님이 사람을 사랑하셔서 모든 사람의 죄를 위하여 죄 없는 한 사람을 십자가에 달려 죽게 하셨습니다. 하나님은 사랑의 하나님이신데, 그렇다면 그 한 사람을 죽게 하신 하나님은 그 한 사람에게도 사랑의 하나님이십니까?" 이 경우 구원받은 모든 사람에게는 하나님이 사랑의 하나님일지 몰라도 다른 사람들을 살리고 죄 없이 희생된 그 한 사람에게만큼은 하나님은 사랑의 하나님이 아니며, 그 한 사람에게 사랑의 하나님이 아니라면 하나님은 백 퍼센트 사랑의 하나님이 아니기에 하나님은 사랑의 하나님이 아니라는 논리가 성립하는데, 이것에 대해서 논증하라는 것이었습니다.

그때 저에게 떠오른 문구가 하나 있었는데 그것이 바로 '십자가에 달리신 하나님'이었습니다. 이것은 제가 옛날에 샀던 책의 제목이었는데, 이것이 저에게는 기독론과 신론을 쉽게 연결해주는 중요한 문구였습니다. 여러분, 십자가에 달리신 분이 누구입니까? 예수님입니다. 우리가 볼 때는 십자가에 달리신 분이 예수님인데, 하나님의 입장에서는 십자가에 달려 온 세상 사람들의 죄를 위하여 죽은 그분이 하나님 자신이라는 거지요.

저는 우리 죄를 위하여 하나님께서 다른 사람이 아닌 자신을 죽였고, 죽은 자와 죽인 자가 동일한 분이기 때문에 하나님은 백 퍼센트 사랑의 하나님이시라는 논지를 펴서 에세이를 적어 냈고 교수님은 저에게 A를 주셨습니다. 우리는 이 십자가에 나타나 있는 하나님이 어떤 분이신지를 정확히 알아야 합니다. 그래야 그 위에 우리의 신앙을 정립할 수 있습니다.

영광의 신학과 십자가의 신학

우리가 잘 아는 이름, '예수 그리스도'가 있습니다. 그런데 이 이름은 십자가를 기준으로 '예수'와 '그리스도'로 나눌 수 있습니다. 예수는 인간입니다. 이 예수는 십자가를 통해 '고난'을 받습니다. 그런데 십자가를 기준으로 (십자가 이후의) 예수(그리스도)는 하나님입니다. 그리스도는 십자가를 통해 '영광'을 받습니다.

여러분은 '번영신학'이라는 말을 들어보셨습니까? 번영신학을 쉽게 이야기하면 예수님을 믿으면 잘된다는 것입니다. 우리가 하나님을 믿고 긍정적인 마음을 가지고 살아가면 하나님께서 다 잘되게 해주셔서 그 집이 잘되고 교회도 계속해서 부흥하게 된다는 메시지를 강조합니다. 대표적으로 《긍정의 힘》의 저자 조엘 오스틴 목사가 있습니다. 그의 메시지에는 우리가 고난을 받아야 된다거나 우리에게 고난이 있다는 말이 없습니다.

그런데 번영신학이라는 것이 최근 어느 순간 갑자기 일어난 것은 아닙니다. 중세교회의 '영광의 신학'이 이어져 번영신학이 되었다고 하기도 합니다. 교회는 예수님이 십자가에 달려 돌아가시고 부활하신 이후 생겨났습니다. 그 후 교회는 황제를 숭배하지 않고 예수를 믿는다는 이유로 계속해서 핍박을 받았습니다. 313년 콘스탄티누스 황제에 의해 기독교가 인정받을 때까지 고난은 계속되었으며, 공인 이후 교회는 지하와 동굴에서 나와 세상 속으로, 그리고 점점 더 화려하고 강력하게 바뀌기 시작했습니다. 중세 때는 교회의 힘, 교황이 가진 교권이 왕권을 압도할 만큼 절정에 이르게 되었습니다.

영광의 신학이란 중세 유럽의 스콜라주의 신학으로 이성으로도 하나님을 알 수 있다고 믿는 신학이자 인간의 공로를 통해서도 구원받을 수 있으며, 하나님에 대해서는 영광스러운 하나님을 더 강조하던 신학으로 당시 로마 가톨릭교회의 신학입니다. 교회 건물은 더 높고 화려하게, 사제들의 옷은 더 고급스럽게, 그렇게 교회가 부와 권력과 함께 타락하여 면죄부까지 판매하기에 이르자 1517년 루터는 비텐베르크 성당에 95개조 반박문을 게시하였고 '십자가의 신학'을 주장합니다.

고난받는 예수와 영광의 그리스도

흔히 종교개혁을 통해 개신교가 출발되었다고 생각하기 쉬운데 저는 개신교가 가톨릭 전통에서 나왔다고 생각하지 않습니다. 가톨릭은 이미 진리에서 벗어났으며 개신교가 다시금 진리로 돌아간 것입니다. 진리 가운데서 어떤 새로운 교단이든, 어떤 새로운 사조든, 어떤 새로운 신학이 나오든지 간에 우리는 다시금 진리로 돌아가야 합니다. 나 자신이 개혁되어야 하고 우리 교회, 이 땅의 교회가 개혁되어야 합니다. 우리는 끊임없이 개혁되어야 합니다. 이 개혁의 구심점이 '말씀'이며 '십자가'입니다. 본질을 회복하기 위해 계속해서 붙잡아야 될 나침반이 바로 십자가라는 말입니다. 우리 신앙에서 이 십자가가 그만큼 중요하다는 것입니다.

미국은 신앙의 자유를 찾아 신대륙으로 건너간 청교도들에 의해 세워진 나라입니다. 그러니까 미국이라는 나라 자체의 배경이 기독교라는 말입니다. 그런데 미국의 남북전쟁이 노예를 해방하기 위한 전쟁이라는 것을 아십니까? 그들에게 이미 기독교 신앙이 있었는데도 그들은 아프리카 흑인들을 데려다가 노예로 삼아 농장을 운영했고 그것을 정당화하기 위해 흑인들에게는 영혼이 없으며 그들은 짐승일 뿐이라고 했습니다. 그렇다면 엄격히 말해 남북전쟁은 남부와 북부, 노예제 유지와 노예제 폐지, 백인과 흑인, 비신앙과 신앙의 전쟁이었다고 말할 수 있을 것입니다. 그러다보면 흑인신학까지 언급하게 되는데, 흑인이라는 존재가 고통과 아픔을 지닌 존재라는 점에서 'Black Jesus'와 'White Christ'까지 연결 짓기도 합니다.

한 가지 분명한 것은 하나님의 진리가 온전해지는 것은 '십자가'로 이루어진다는 것입니다. 고난받는 예수와 영광의 그리스도가 어떻게 연결이 되어 하나님의 진리가 온전해지느냐 하면 십자가의 능력으로 된다는 것입니다. 동일하게 우리가 예수 그리스도의 영광과 능력, 하나님의 보좌의 영광을 얻기 원한다면 우리는 반드시 십자가의 고난을 먼저 통과해야만 합니다. 그런데도 많은 그리스도인들이 고난의 예수는 생각하지 않고 영광의 그리스도만 바라보고 있습니다.

고난 없이 영광 없다

예를 들면 많은 청년들이 하나님을 찬양할 때 보좌와 영광과 존귀와 하나님의 나라와 하나님의 위엄에 대해서 찬양합니다. 어찌 보면 놀랍고 아름다운 세계에 대한 일종의 판타지에 젖어 보이는데, 그러나 우리에게는 그보다 더 중요한 단계가 선행되어야 합니다. 보좌와 능력과 예언과 은사를 추구하기 전에 십자가의 사랑으로 인하여 벌레보다 못한 내가 주 예수 그리스도의 은혜로 구원받았다고 하는 감사와 감격이 먼저 터져 나와야 한다는 것입니다.

웬 말인가 날 위하여 주 돌아가셨나
이 벌레 같은 날 위해 큰 해 받으셨나

내 지은 죄 다 지시고 못 박히셨으니
웬 일인가 웬 은헨가 그 사랑 크셔라

주 십자가 못 박힐 때 그 해도 빛 잃고
그 밝은 빛 가리워서 캄캄게 되었네

나 십자가 대할 때에 그 일이 고마워
내 얼굴 감히 못 들고 눈물 흘리도다

늘 울어도 눈물로써 못 갚을 줄 알아
몸밖에 드릴 것 없어 이 몸 바칩니다

이 십자가의 사랑의 감격 없이 영광만 찬양하다가는 고난의 십자가가 다가왔을 때 내가 믿는 예수는 이런 게 아니라고 하면서 다 도망가버릴 것입니다. 여러분, 우리 인생에 기뻐서 뛰는 날이 많습니까? 고난이 더 많습니까? 제가 기도원에서 "천부여 의지 없어서 손들고 웁니다" 하고 늘 울었어요. 우리는 내 죄 때문에 고난받으신 주님의 고통의 십자가를 먼저 경험해야 합니다. 그다음 우리에게도 영광이 이루어지게 되는 것입니다.

[14] 무릇 하나님의 영으로 인도함을 받는 사람은 곧 하나님의 아들이라 [15] 너희는 다시 무서워하는 종의 영을 받지 아니하고 양자의 영을 받았으므로 우리가 아빠 아버지라고 부르짖느니라 [16] 성령이 친히 우리의 영과 더불어 우리가 하나님의 자녀인 것을 증언하시나니 [17] 자녀이면 또한 상속자 곧 하나님의 상속자요 그리스도와 함께 한 상속자니 우리가 그와 함께 영광을 받기 위하여 고난도 함께 받아야 할 것이니라 롬 8:14-17

살려내심

하나님의 영으로 인도함을 받는 하나님의 자녀, 하나님의 상속자는 그리스도와 함께 영광을 받기 위하여 고난도 함께 받아야 한다는 것입니다.

생각하건대 현재의 고난은 장차 우리에게 나타날 영광과 비교할 수 없도다 롬 8:18

할렐루야! 지금 우리 가운데 고난이 있는 분은 기뻐하십시오. 영광이 올 것입니다. 하지만 죄로 인한 고난은 당연히 우리가 받는 것입니다. 실컷 죄짓고 잘못하고 사고쳐놓고 그것이 내게 고난이고 십자가라고 말하지 마십시오. 십자가를 착각하시면 안 됩니다. 그러나 그리스도의 고난에 참여하고 있다면 그것을 즐거워하십시오. 그럴 때 영광 중에 나타나시는 그리스도와 함께 기뻐하고 즐거워하게 될 것입니다.

06

고난과 죽음의 영광을 보라

십자가라는 단어가 나오지 않아도 십자가라는 의미를 갖는 단어 그 셋째는 '그리스도의 죽으심'입니다. 그리스도의 죽으심이라는 말이 나오면 그것을 '십자가'로 해석하면 됩니다.

곧 우리가 원수 되었을 때에 그의 아들의 죽으심으로 말미암아 하나님과 화목하게 되었은즉 화목하게 된 자로서는 더욱 그의 살아나심으로 말미암아 구원을 받을 것이니라 롬 5:10

"곧 우리가 원수 되었을 때에 그의 아들의 죽으심으로 말미암아" 이 '죽으심'을 십자가로 바꿔 읽으면 "십자가로 말미암아 하나님과 화목하게 되었은즉 화목하게 된 자로서는 더욱 그의 살아나심으로 말미암아 구원을 받을 것이니라"입니다. 우리는 주님의 십자가로 하나님과 화목하게 된 사람들입니다.

> [5]소망이 우리를 부끄럽게 하지 아니함은 우리에게 주신 성령으로 말미암아 하나님의 사랑이 우리 마음에 부은 바 됨이니 [6]우리가 아직 연약할 때에 기약대로 그리스도께서 경건하지 않은 자를 위하여 죽으셨도다 롬 5:5,6

그리스도께서 경건하지 않은 자를 위하여 '십자가'에 달리셨습니다. 이 말씀이 참 중요한데, 십자가는 의인을 위하여, 훌륭한 자들을 위하여 주신 것이 아니라 우리와 같은 죄인, 우리처럼 연약한 사람들을 위해 주신 것입니다.

십자가의 죽음은 부활이다

> [3]내가 받은 것을 먼저 너희에게 전하였노니 이는 성경대로 그리스도께서 우리 죄를 위하여 죽으시고 [4]장사 지낸 바 되셨다가 성경대로 사흘 만에 다시 살아나사 고전 15:3,4

이 말씀 역시 그리스도께서 우리의 죄를 위하여 십자가에 달리셨다는 뜻입니다. 특별히 고린도전서 15장은 부활장인데, 이 장에 나타나는 십자가의 죽음은 '부활'을 의미합니다. 우리는 예수님이 죽었다가 다시 살아나신 것을 가리켜 예수님이 부활하셨다고 말합니다. 성경에 보면 예수님이 죽은 나인 성 과부의 아들, 나사로, 야이로의 딸을 살려주셨습니다. 그러나 그들의 다시 살아남은 예수님의 부활과는 다릅니다. 왜냐하면 예수님이 죽었던 그들을 다시 살려주셨지만 그들은 결국 다시 죽었기 때문입니다. 부활이란 다시 살아나 영원히 죽지 않는 것입니다. 한 번 죽고 다시 살아나서 영원히 죽지 않는 것, 그것이 부활입니다.

> 25예수께서 이르시되 나는 부활이요 생명이니 나를 믿는 자는 죽어도 살겠고 26무릇 살아서 나를 믿는 자는 영원히 죽지 아니하리니 이것을 네가 믿느냐 요 11:25,26

예수님이 살려주셔서 다시 살아난 사람들은 공통적으로 십자가를 통과하지 않고 살아났습니다. 이 점이 중요합니다. 십자가를 통과하지 않은 상태로 다시 살았다면 그들은 다시 죽습니다. 십자가에서 처리되는 것이 무엇입니까? 우리의 죄입니다. 그러니까 우리의 죄가 십자가에서 완전히 처리되면 우리는 죽지 않습니다.

어떤 목사님의 예화가 생각납니다. 우리가 음식을 먹으면 음식이 우리 안으로 들어와 위에서 소화가 되고 장에서 흡수가 됩니다. 흡수된 영양분은 피를 통해 우리의 온몸 구석구석에 전달되어 우리가 살 수 있습니다. 그런데 사람이 선악과를 따 먹은 것은 독을 먹은 것에 비유할 수 있다는 것입니다. 우리가 독을 먹었으니 독이 몸 안에 들어와 피가 되어 퍼졌기 때문에 우리가 생각도 독한 생각을 하고, 마음도 독한 마음을 먹고, 온몸에 독함이 나타난다는 것입니다. 이처럼 우리 안에 죄가 들어오면 죄가 퍼져서 온몸이 죄 덩어리가 된다는 것입니다.

그런데 예수 그리스도의 피가 우리 안에 들어오면 이 예수 그리스도의 피가 다시 우리의 온몸으로 흘러가 지금까지 독이 준 악한 영향력을 제거하고 생명으로 나타나게 됩니다. 우리 안에 예수 그리스도의 피가 수혈되려면 반드시 십자가에서 흘리신 주의 보혈이 필요하고, 그러기 위해 우리에게 십자가가 필요합니다. 우리가 그리스도의 십자가, 그리스도의 죽으심으로 인하여서, 그분이 십자가에서 흘리신 피로 인하여서 온전하게 되었다는 사실을 믿으시기 바랍니다.

십자가의 죽음은 영광이다

23 예수께서 대답하여 이르시되 인자가 영광을 얻을 때가 왔도다 24 내가 진실로 진실로 너희에게 이르노니 한 알의 밀이 땅에 떨어져 죽지 아니하면 한 알 그대로 있고 죽으면 많은 열매를 맺느니라 25 자기의 생명을 사랑하는 자는 잃어버릴 것이요 이 세상에서 자기의 생명을 미워하는 자는 영생하도록 보전하리라 26 사람이 나를 섬기려면 나를 따르라 나 있는 곳에 나를 섬기는 자도 거기 있으리니 사람이 나를 섬기면 내 아버지께서 그를 귀히 여기시리라 27 지금 내 마음이 괴로우니 무슨 말을 하리요 아버지여 나를 구원하여 이 때를 면하게 하여 주옵소서 그러나 내가 이를 위하여 이 때에 왔나이다 28 아버지여, 아버지의 이름을 영광스럽게 하옵소서 하시니 이에 하늘에서 소리가 나서 이르되 내가 이미 영광스럽게 하였고 또다시 영광스럽게 하리라 하시니 29 곁에 서서 들은 무리는 천둥이 울었다고도 하며 또 어떤 이들은 천사가 그에게 말하였다고도 하니 30 예수께서 대답하여 이르시되 이 소리가 난 것은 나를 위한 것이 아니요 너희를 위한 것이니라 31 이제 이 세상에 대한 심판이 이르렀으니 이 세상의 임금이 쫓겨나리라 32 내가 땅에서 들리면 모든 사람을 내게로 이끌겠노라 하시니 33 이렇게 말씀하심은 자기가 어떠한 죽음으로 죽을 것을 보이심이러라 요 12:23-33

살려내심

요한복음 12장 23-33절을 보면 23절에 예수님은 "인자가 '영광'을 얻을 때가 왔다"라고 말씀하시고 이때 '영광'이라는 단어가 나옵니다. 흔히 영광이라는 단어를 떠올릴 때 우리는 아주 화려하고 정말 행복하고 빛나고 찬란하다는 생각을 하게 됩니다. 그런데 요한복음 12장에서는 이 '영광'을 '죽음'과 연결시키고 있습니다. 24절에 "한 알의 밀이 땅에 떨어져 죽지 아니하면 한 알 그대로 있고 죽으면 많은 열매를 맺느니라"라는 말씀을 보더라도 많은 열매를 맺는 것이 하나님께 영광이 되는데, 그 많은 열매를 맺은 죽음, 곧 십자가를 통한 예수 그리스도의 죽음이 하나님께 영광이 된다는 것입니다.

요한복음 1장에도 '영광'이라는 단어가 나옵니다.

말씀이 육신이 되어 우리 가운데 거하시매 우리가 그의 영광을 보니 아버지의 독생자의 영광이요 은혜와 진리가 충만하더라 요 1:14

말씀이 육신이 되어 우리 가운데 오신 분, 예수 그리스도, 그 분 안에 있는 영광이 보였고, 그것은 하나님의 독생자의 영광이었다는 것입니다. 그 영광이란, 하나님의 독생자가 십자가에 달려 돌아가실 것을 이미 말씀한 것입니다. 그 자체가 우리에게 은혜이며, 하나님이 우리에게 주시는 진리라고 말씀합니다.

그러니까 하나님은 예수님을 이 땅 가운데 보내시고 예수님이 달려 죽으신 그 십자가를 '고난'과 '고통'으로 보지 않고 '영광'으로 보시며 '영광'으로 보도록 하신다는 것입니다. 결국 이 땅에서 살아가는 동안 우리도 십자가의 그 놀라운 사랑의 사역을 감당해야 하는데, 그것은 고난이 고난이 아니고 죽음이 죽음이 아니며 영광이라는 것입니다. 우리가 이 단계에 들어가야 합니다.

제가 하나님의 말씀을 준비해서 전하는 것이 고난이라 힘들어서 못하겠다고 하면 됩니까? 하나님의 말씀이 전해져서 영혼이 살아나는 것을 보고 하나님의 영광이라고 여길 때 그것이 실제로 하나님께 영광이 되는 것이지요. 하나님은 우리가 주를 위해 헌신하고 봉사하고 하나님의 나라를 위해 선교하는 것을 바라보시며 그것을 영광이라고 여기십니다.

하나님이 바라보시는 십자가의 죽음은 영광 그 자체입니다. 이렇듯 우리의 고난과 영광은 함께 맞물려 있습니다. 그런데 남이 지기 싫어하는 십자가, 무거운 십자가는 지지 않으려고 하면서 영광만 드린다고 하면 되겠습니까?

십자가를 바라보면 보이는 것!

요한복음 1장 14절에 "우리가 그의 영광을 보니"라고 '본다'라는 표현이 나왔는데 18절에도 '본다'라는 표현이 나옵니다.

본래 하나님을 본 사람이 없으되 아버지 품 속에 있는 독생하신 하나님이 나타내셨느니라 요 1:18

"본래 하나님을 본 사람이 없다"라고 했는데, '본다'는 그 내용인즉 "아버지 품 속에 있는 독생하신 하나님", 그분이 하나님임을 알리셨다는 것입니다.

이튿날 요한이 예수께서 자기에게 나아오심을 보고 이르되 보라 세상 죄를 지고 가는 하나님의 어린 양이로다 요 1:29

세례 요한 역시 예수님이 자기에게 나오는 것을 보고 이렇게 말했습니다. "세상 죄를 지고 가는 하나님의 어린 양이로다." 예수님을 바라보니 사람 청년이 보이는 게 아니라 '세상 죄를 지고 가는 하나님의 어린 양'이 보인다는 것입니다. 이렇게 보이는 것이 은혜입니다.

예수께서 거니심을 보고 말하되 보라 하나님의 어린 양이로다 요 1:36

우리에게 이 단계가 먼저 시작되어야 십자가를 알 수 있는 단계로 들어갈 수 있습니다. 이 눈이 열리기를 바랍니다. 이 땅에

펼쳐지는 하나님의 사랑의 결정체가 바로 십자가입니다. 그러면 우리에게도 무엇이 보여야 할까요? 우리가 살아가는 실제 삶 가운데 어디에 하나님의 사랑이 더 필요한가, 어느 곳에 하나님의 사랑이 더 흘러가야 한다는 거룩한 부담감을 주시는가, 또 그 일이 무엇인가, 그것이 우리 눈에 보인다면 우리가 십자가를 바라보고 있는 것이라고 생각합니다. 그렇게 될 때 우리의 신앙이 내 중심이 아닌 하나님 중심의 신앙이 될 수 있습니다.

타협할 수 없는 십자가

여러분, 이 십자가는 하나님의 고집으로 나타났습니다. 표현이 좀 그렇지만 하나님은 이 십자가에 대해서만큼은 하나님의 뜻을 굽히지 않으신 분입니다. 그것은 우리를 구원하시기 위해서입니다. 하나님은 여러 면에서 오래 참고 용납하시는 하나님이십니다. 하지만 십자가만큼은 절대로 타협이 없으십니다.

하나님은 지금 우리에게도 다른 은혜는 몰라도 십자가의 은혜만큼은 꼭 붙잡으라고 하십니다. 다른 것은 실수 많이 하고 열심이 좀 부족해도 이 십자가의 사랑만큼은 꼭 붙잡으라고 말씀하세요. 하나님께 가장 귀하고 소중한 것이 바로 십자가입니다. 십자가의 은혜는 다른 누구도 줄 수 없고 오직 하나님만이 주실 수 있습니다.

²³예수께서 대답하여 이르시되 인자가 영광을 얻을 때가 왔도다 ²⁴내가 진실로 진실로 너희에게 이르노니 한 알의 밀이 땅에 떨어져 죽지 아니하면 한 알 그대로 있고 죽으면 많은 열매를 맺느니라 요 12:23,24

이 말씀은 예수님이 자기가 어떠한 죽음을 맞을 것인지 친히 보이신 말씀입니다. 십자가의 사랑을 다시 한번 생각하시기 바랍니다. 하나님께서 가장 귀중하게 보신 그 십자가가 우리에게도 가장 귀중하게 보이기를 바랍니다. "주님, 내 인생에 십자가가 절대적으로 필요합니다!" 이 고백을 드릴 수 있기를 바랍니다.

PART **2**

십자가,
가장 완전한 제사

07

가장 완전한 제사

성경은 죄가 없는 상태가 천국이며, 죄가 있으면 그 죄를 없애야만 다시금 천국을 회복할 수 있음을 알려줍니다. 죄를 없애려면 반드시 죄에 대한 대가를 지불해야 하는데, 그 대표적인 방법이 구약의 제사 제도입니다.

죄를 가리는 피 제사

창세 전에 죄가 있었습니까? 없었습니까? 없었지요. 그러면 제사가 필요하지 않습니다. 하나님께서 세상을 창조하시고 이 땅에 에덴동산을 창설하셨을 때 에덴동산에서도 제사가 필요하지 않았습니다. 죄가 없기 때문입니다. 그런데 아담과 하와가 하나님의 말씀을 어기고 선악과를 따 먹자 그 결과 죄가 들어오게 되었습니다. 죄를 지은 그들이 가장 먼저 한 일이 무엇입니까?

이에 그들의 눈이 밝아져 자기들이 벗은 줄을 알고 무화과나무 잎을 엮어 치마로 삼았더라 창 3:7

죄의 속성은 부끄러운 부분이 드러난다는 것입니다. 그들은 자신들이 벗은 몸인 줄 알아보고 무화과나무 잎을 엮어 부끄러움을 가렸습니다. 하지만 나뭇잎은 금세 시들고 떨어져 부끄러운 부분이 다시 드러났습니다. 하나님은 그런 그들을 위하여 짐승을 잡아 가죽옷을 입혀주셨습니다. 죄가 없을 때는 아무런 피 흘림도 없었지만 죄가 있자 죄를 가리는 피 흘림이 있게 된 것입니다.

죄를 짓기 전에 아담과 하와 두 사람은 벌거벗었는데도 부끄러워하지 않았습니다. 그러나 죄를 짓고 나자 벌거벗은 것을 부끄러워하게 되었습니다. 죄는 부끄럽기 때문에 계속해서 감춥니다. 변명으로 자기 양심을 숨깁니다.

9여호와 하나님이 아담을 부르시며 그에게 이르시되 네가 어디 있느냐 ¹⁰이르되 내가 동산에서 하나님의 소리를 듣고 내가 벗었으므로 두려워하여 숨었나이다 ¹¹이르시되 누가 너의 벗었음을 네게 알렸느냐 내가 네게 먹지 말라 명한 그 나무 열매를 네가 먹었느냐 ¹²아담이 이르되 하나님이 주셔서 나와 함께 있게 하신 여자 그가 그 나무 열매를 내게 주므로 내가 먹었나이다 ¹³여호와 하나님이 여자에게 이르시되 네가 어찌하여 이렇게 하였느냐 여자가 이르되 뱀이 나를 꾀므로 내가 먹었나이다 창 3:9–13

이렇듯 죄는 계속해서 핑계대고 변명하게 합니다. 창세기 3장에 우리의 죄라는 부끄러움을 감추기 위해서 짐승의 피를 흘린 제사가 처음 등장하고 있습니다. 대홍수 이후 노아도 제사를 드렸고 아브라함도 제사를 드렸습니다. 이렇게 계속해서 제사가 나온다는 것은 죄가 있었다는 말입니다.

하나님은 우리의 죄를 (덮는 정도가 아니라 아예) 없애서 우리에게 천국을 주기 원하시는 분입니다. 진리는 아주 단순합니다. 지금 내 안에 하나님의 나라가 임하는 방법은 쉽습니다. 내 안에 있는 죄를 없애버리면 됩니다. 지금 내 안에 죄가 없어지면, 내가 철저히 회개하면 내 안에 당장 하나님나라가 임하는 것입니다. 여러분, 아무리 중한 병에 걸려도 그 사람이 철저히 회개하면 병이 낫습니다. 아무리 귀신에게 잡혀 있어도 그 사람이 철저히 회개하면 귀신이 쫓겨나갑니다. 죄 사함이 임한 곳에 하나님의 나라가 임하기 때문입니다. 하나님의 나라는 질병과 고통과 눈물과 아픔이 없는 곳입니다. 의와 평강과 희락만 있는 곳입니다.

십자가는 가장 완전한 제사다

아담과 하와가 죄를 짓고 나서 짐승의 피로 시작된 제사는 그 후 모세를 통해 정확한 제사법으로 제정되었습니다. 하나님께서 제사의 종류(번제, 소제, 화목제, 속죄제, 속건제)와 방식(화제, 거제, 요제, 전제), 레위인 제사장의 규례를 비롯해서 정결법과 대속 죄일까지 죄를 다루는 다양한 방법을 알려주신 것입니다. 그중 가장 업그레이드된 제사의 형식, 가장 완전한 제사가 바로 십자가입니다. 더 이상의 제사법은 없다는 것입니다.

그런데 제사에는 두 가지가 반드시 있어야 합니다. 첫째는 제물이고, 둘째는 그 제사를 드리는 제사장입니다. 제물은 소나 양이나 염소나 새 그리고 곡식을 드릴 때도 있습니다. 하나님께 제사를 드릴 때는 아무나 드릴 수 있는 것이 아니라 레위지파 그리고 아론의 자손의 계열에 있는 제사장을 통해 드리게 됩니다. 기름부음 받은 제사장이 드리는 제물을 받으시고 하나님께서 우리에게 죄 사함을 주신다는 것입니다.

십자가가 제사의 형태라면 이 십자가 사건에도 제물이 있고 제사장도 나와야 합니다. 그러면 이 십자가를 볼 때 제물이 누구입니까? 예수님입니다. 그러면 제사장은 누구입니까? 제사장도 예수님입니다. 여기서 예수님은 온 백성의 죄를 속죄하는 대제사장이십니다. 그러니까 예수님은 제물이면서 대제사장이 되십니다.

아브라함과 멜기세덱의 사건

이스라엘에는 열두 지파가 있고, 하나님은 그 열두 지파에게 다 복을 주셨습니다. 그중에 하나님의 성막과 성전을 섬기도록 한 지파를 택하셨는데 그것이 레위 지파입니다. 하나님께 드리는 제사도 레위 지파 제사장을 통해서 받으십니다. 다른 지파는 제사장이 되고 싶어도 될 수가 없습니다. 예수님이 대제사장이라고 했는데 그러면 예수님은 무슨 지파입니까? 예수님은 유다 지파입니다. 그렇다면 예수님은 이미 자격이 안 됩니다. 그래서 예수님의 대제사장 직분이 잘못되었다고 말하기도 하는데, 사실은 여기에 놀라운 영적인 뜻이 있습니다.

> [10] 하나님께 멜기세덱의 반차를 따른 대제사장이라 칭하심을 받으셨느니라 [11] 멜기세덱에 관하여는 우리가 할 말이 많으나 너희가 듣는 것이 둔하므로 설명하기 어려우니라 히 5:10,11

히브리서 5장에서 그리스도는 대제사장이 되시는데 이는 멜기세덱의 반차를 따른 것이라고 나옵니다. 멜기세덱에 대한 좀 더 자세한 언급은 히브리서 7장에 나옵니다.

> [1]이 멜기세덱은 살렘 왕이요 지극히 높으신 하나님의 제사장이라 여러 왕을 쳐서 죽이고 돌아오는 아브라함을 만나 복을 빈 자라 [2]아브라함이 모든 것의 십분의 일을 그에게 나누어 주니라 그 이름을 해석하면 먼저는 의의 왕이요 그다음은 살렘 왕이니 곧 평강의 왕이요 [3]아버지도 없고 어머니도 없고 족보도 없고 시작한 날도 없고 생명의 끝도 없어 하나님의 아들과 닮아서 항상 제사장으로 있느니라 히 7:1-3

평강의 왕이요 아버지도 없고 어머니도 없고 족보도 없는 멜기세덱을 가리켜 그가 예수님이 아니냐고 하는 분들도 있는데, 그는 예수님이 아닙니다. 여러 논쟁이 있지만 저는 아니라는 입장인데, 그러면 멜기세덱이 누구냐고 묻길래 저는 "멜기세덱은 멜기세덱이다"라고 말했습니다. 더 이상의 답이 없습니다. 멜기세덱은 성경 그대로 지극히 높으신 하나님의 제사장으로 있습니다.

창세기 14장에는 전쟁 때문에 포로로 사로잡힌 롯을 구하기 위해 아브라함이 집에서 기르고 훈련시킨 군사 318명을 데리고 가서 롯을 구해오는 사건이 기록되어 있습니다. 아브라함이 그돌라오멜과 동맹을 맺은 왕들을 쳐부수고, 빼앗겼던 재물과 조카 롯과 그의 사람들을 구출해서 돌아오는 길에 소돔 왕과 살렘 왕 멜기세덱을 만나 멜기세덱이 아브라함을 축복하는 장면입니다.

> [17] 아브람이 그돌라오멜과 그와 함께 한 왕들을 쳐부수고 돌아올 때에 소돔 왕이 사웨 골짜기 곧 왕의 골짜기로 나와 그를 영접하였고 [18] 살렘 왕 멜기세덱이 떡과 포도주를 가지고 나왔으니 그는 지극히 높으신 하나님의 제사장이었더라 [19] 그가 아브람에게 축복하여 이르되 천지의 주재이시요 지극히 높으신 하나님이여 아브람에게 복을 주옵소서 창 14:17-19

그러니까 아브라함은 조카 롯을 구출하기 위해 이미 여러 왕을 죽였습니다. 그런 상황 속에서 멜기세덱이 그를 축복해주었습니다. 저는 이 말씀을 읽으면서 "멜기세덱이 왜 이때 왔을까? 이때 와서 왜 아브라함을 축복했을까? 아브라함은 왜 멜기세덱에게 자신이 얻은 것의 십분의 일을 주었을까?" 이런 질문을 하게 되었습니다. 멜기세덱은 하늘에 있는 하나님의 제사장으로 하나님께서 아브라함에게 보내셨습니다. 그런 그가 아브라함에게 떡과 포도주를 가지고 나왔고 아브라함을 축복했습니다. 멜기세덱이 과연 십일조를 받기 위해 아브라함에게 와서 그를 축복했을까요?

하늘의 영원한 대제사장 예수 그리스도

멜기세덱은 제사장입니다. 제사장이 하는 일은 제사를 통해 백성의 죄를 사하는 것입니다. 하나님의 제사장인 멜기세덱이 아브라함에게 왔다는 것은 아브라함에게 죄가 있다는 것을 나타냅니다. 무슨 죄가 있습니까? 왕들을 죽인 살인죄입니다. 아브라함의 손에 피가 묻어 있는 것입니다. 하나님께서 택한 아브라함에게 죄가 있는 상태에서는 하나님이 그와 "네 자손이 별과 같이 많아지리라"라고 언약하실 수가 없지요.

다윗 역시 마찬가지였습니다. 다윗은 하나님의 마음에 맞는 사람입니다. 그런데 우리 하나님은 맞는 것은 맞고 틀린 것은 틀린 분입니다. 다윗이 하나님을 위해 성전을 짓겠다고 했지만 하나님은 그의 손에 피가 많이 묻어서 안 된다고 하시고, 대신 그의 아들 솔로몬이 하나님의 성전을 건축할 것이라고 말씀하셨습니다.

아브라함이 조카 롯을 구한 일은 잘한 것이지만, 사람을 죽인 아브라함의 마음에는 당연히 평화가 없었습니다. 그것을 보신 하나님께서 살렘 왕 멜기세덱을 급파하신 것입니다. 18절에 '떡과 포도주'라는 말씀이 아주 중요합니다. 저는 이 떡이 예수님의 살이요 포도주가 예수님의 피라고 생각합니다. 그러니까 멜기세덱이 죄를 지은 아브라함에게 예수님의 몸과 피로 성찬식을 베푼 것입니다. 그때 이미 예수님이 그분의 몸과 피로 함께 오셔서 그것을 통해 아브라함의 죄를 사하신 것입니다.

이로써 하나님은 죄가 없어진 상태의 아브라함과 언약을 맺으시고, 아들 이삭을 낳아 이후로 아브라함을 통해 하나님의 약속의 자녀들이 출생하게 된 것입니다. 그러니까 멜기세덱은 그의 제사장의 직분을 감당하여 아브라함이 죄 사함을 받도록 해준 것입니다. 그러면 아브라함이 높습니까? 멜기세덱이 높습니까? 멜기세덱이 높습니다.

네가 영원히 멜기세덱의 반차를 따르는 제사장이라 하셨으니

히 5:6

우리 예수님은 멜기세덱의 반차를 따르는 제사장으로 오셨습니다.

10 이는 멜기세덱이 아브라함을 만날 때에 레위는 이미 자기 조상의 허리에 있었음이라 11 레위 계통의 제사 직분으로 말미암아 온전함을 얻을 수 있었으면 (백성이 그 아래에서 율법을 받았으니) 어찌하여 아론의 반차를 따르지 않고 멜기세덱의 반차를 따르는 다른 한 제사장을 세울 필요가 있느냐 12 제사 직분이 바꾸어졌은즉

율법도 반드시 바꾸어지리니 ¹³이것은 한 사람도 제단 일을 받들지 않는 다른 지파에 속한 자를 가리켜 말한 것이라 ¹⁴우리 주께서는 유다로부터 나신 것이 분명하도다 이 지파에는 모세가 제사장들에 관하여 말한 것이 하나도 없고 ¹⁵멜기세덱과 같은 별다른 한 제사장이 일어난 것을 보니 더욱 분명하도다 ¹⁶그는 육신에 속한 한 계명의 법을 따르지 아니하고 오직 불멸의 생명의 능력을 따라 되었으니 ¹⁷증언하기를 네가 영원히 멜기세덱의 반차를 따르는 제사장이라 하였도다 히 7:10-17

그러니까 예수님은 레위 계통이 아니라 멜기세덱과 같이 다른 계통의 제사장으로 오신 것입니다. 레위 계통의 제사장이란, 레위의 아버지 야곱, 야곱의 아버지 이삭, 이삭의 아버지가 아브라함이니 결국은 아브라함의 계통을 따르는 제사장을 의미하고, 다른 한편으로 멜기세덱의 반차를 따르는 제사장이 계셨다는 것입니다. 예수님은 이 땅 모든 인류의 죄를 영원히 사하기 위하여 오신 우리의 대제사장이십니다.

우리 하나님은 사람으로부터 와서 사람으로부터 온 권위를 가지고 우리의 죄를 용서하시는 것이 아니라 하늘로부터 내려와서 하늘로부터 내려온 그 권위를 가지고 우리의 죄를 용서해 주셨다는 것입니다. 할렐루야! 따라서 이 땅에 있는 어떠한 법도 우리가 받은 죄 사함을 송사할 수 없습니다. 십자가의 사건은 이토록 놀라운 메시지이고 하나님께서 우리에게 주셨기 때문에 우리가 담대히 선포할 수 있는 것입니다.

대속의 제물이 되어주신 예수님

> 말씀이 육신이 되어 우리 가운데 거하시매 우리가 그의 영광을 보니 아버지의 독생자의 영광이요 은혜와 진리가 충만하더라 요 1:14

이것은 예수님의 사역의 시작을 알리는 대표적인 구절입니다. 말씀이 육신이 되어 오신 예수님, 우리가 그의 영광을 보는데, 그것은 하나님의 아들의 영광이고, 그 안에 은혜와 진리가 충만한 것이 보였다는 것입니다. 그런데 그것이 세례 요한의 눈에도 보였습니다.

> 이튿날 요한이 예수께서 자기에게 나아오심을 보고 이르되 보라 세상 죄를 지고 가는 하나님의 어린 양이로다 요 1:29

예수님의 사역은 처음부터 '하나님의 어린 양', 제물로서 시작이 되었습니다. 참 은혜가 됩니다. 주님은 우리 죄를 위하여 이 땅에 오셨는데, 우리를 대신해서 죽어주시기 위한 모습으로, 제물의 모습으로, 어린 양의 모습으로 오셨습니다. 그리고 주님은 십자가에 죽으시고 부활하시고 승천하시고, 하나님의 보좌에서도 어떤 모습으로 계시느냐 하면 어린 양의 모습으로 있다는 것입니다.

> 내가 또 보니 보좌와 네 생물과 장로들 사이에 한 어린 양이 서 있는데 일찍이 죽임을 당한 것 같더라… 계 5:6

우리 주님은 처음부터 그리고 앞으로도, 우리의 영원한 신랑이 되시고 만왕의 왕으로 오시기 전까지 계속해서 어린 양으로 계시며 끊임없이 "내가 너희의 죄를 대신해서 죽은 대속 제물이다"라고 우리에게 말씀하십니다.

나의 죄를 위해 죽어주신 예수님

저는 죄를 많이 지어서 그런지 누가 나 대신에 맞아주거나 내 죗값을 대신 치러준다고 할 때 참 고마움을 느끼는데, 여러분은 어떻습니까? 저는 어릴 때부터 어머니한테 야단을 많이 맞고 자랐습니다. 그래서 그런지 야단을 들어야 마음이 편안하고, 일단 야단부터 맞아야 지나갈 것이 지나갔다, 시원하다고 여길 만큼 사고를 많이 친 사람입니다. 그런데 제 여동생은 사고를 친 적이 없고 착한데 자존심이 참 강했어요.

지금도 잊지 못하는데 고등학교 때 이 여동생이 재래식 변기에 두루마리 화장지를 빠트리고 나왔습니다. 그다음에 화장실에 들어간 제가 "어? 야! 니 이거?" 이랬더니 동생이 저에게 "오빠야, 오빠야가 했다 해라" 이러는 것입니다. "와, 이거? 완전 뭐라노?" 하지만 동생은 애절한 표정으로 "오빠야가 좀 했다 해라" 하는데 그 말에 제가 "알았다. 걱정하지 마라" 했습니다. 저는 야단맞는 데 전문이니까요.

제가 어머니께 화장실 변기에 휴지를 빠트렸다고 하니까 어머니가 "이놈의 자슥!" 이러면서 야단을 치셨지만 저는 기분 좋게 "뭐 그럴 수도 있지" 하고 야단을 맞았습니다. 그때 동생도 그것을 아주 감사하게 생각했는데 지금은 그 은혜를 잊은 것 같아요. 지난번에 만났을 때 "야, 너 변기에 휴지 빠트린 거 기억 안 나나?" 그러니까 "나는 모른다!" 그러더라고요.

누군가 나 대신 값을 치러주는 이것이 엄청난 은혜입니다. 우리 예수님이 어린 양의 모습으로 계속 계신다는 것을 생각할 때 저는 주님도 저처럼 그것을 참 뿌듯해 하신다고 느꼈습니다. 우리 죄를 대신해서 죽은 제물의 모습에 흡족해 하시는 예수님, 우리도 그 모습을 바라볼 때 "나의 죄를 위하여 죽어주신 주님, 참 감사합니다" 이렇게 고백하게 됩니다. 하나님의 은혜를 받은 자로서 적어도 이 정도의 의리는 있어야 하지 않습니까?

누군가 저에게 왜 신학교에 가고 목사가 되었느냐고 물으면 저는 할 말이 있습니다. "예수님이 나를 위해 죽어주셨는데, 내가 의리가 있지, 어디로 갑니까? 주를 위해 가야지요. 어찌 배신합니까?" 그런데 예수님이 저를 위해서만 죽으셨습니까? 내 죄 위해 죽어주신 주님이라고 믿는 분들이라면 다 주님을 따라가야 하지 않겠습니까?

여러분, 진짜 크리스천이 되기 원하십니까? 모든 것을 다 벗어던지고 정말 주님께만 미쳐서 올인해보시겠습니까? 마지막 때의 신앙이란 정말 극단적인 신앙이 되지 않으면 안 됩니다. 지금 우리가 그 위치에 와 있다는 것을 잊지 마시기 바랍니다.

08

겟세마네 동산의 추억

예수님이 감당하신 십자가는 그냥 쉬운 십자가가 아닙니다. 예수님이 우리를 위하여 대속의 제물로 돌아가실 때의 심정이 겟세마네 동산에서 기도하시던 주님의 모습에 잘 나타나 있습니다.

제물이면서 대제사장이신 예수님

[39] 예수께서 나가사 습관을 따라 감람 산에 가시매 제자들도 따라 갔더니 [40] 그 곳에 이르러 그들에게 이르시되 유혹에 빠지지 않게

기도하라 하시고 ⁴¹그들을 떠나 돌 던질 만큼 가서 무릎을 꿇고 기도하여 ⁴²이르시되 아버지여 만일 아버지의 뜻이거든 이 잔을 내게서 옮기시옵소서 그러나 내 원대로 마시옵고 아버지의 원대로 되기를 원하나이다 하시니 ⁴³천사가 하늘로부터 예수께 나타나 힘을 더하더라 ⁴⁴예수께서 힘쓰고 애써 더욱 간절히 기도하시니 땀이 땅에 떨어지는 핏방울 같이 되더라 ⁴⁵기도 후에 일어나 제자들에게 가서 슬픔으로 인하여 잠든 것을 보시고 ⁴⁶이르시되 어찌하여 자느냐 시험에 들지 않게 일어나 기도하라 하시니라 눅 22:39-46

저는 십자가에 달리기 전 예수님의 이 상태가 제물이신 어린양의 모습이라고 생각합니다. 여러분, 우리는 십자가 사건을 기준으로 그 이전과 이후의 예수님을 다르게 보아야 합니다. 십자가 사건 이후에 예수님은 그리스도이시며 대제사장의 직분으로서 우리의 구원을 이루십니다.

구약으로 말하자면 성막 뜰의 번제단에서 소와 양을 잡습니다. 그럴 때 제물이 죽은 상태가 우리가 죄 용서함을 받은 상태입니까? 아닙니다. 죄 용서를 받기 위해서는 하나님께 가야 합니다. 따라서 대제사장이 제물의 피를 담아 가지고 지성소로 들어가 법궤 위 속죄소에 뿌릴 때 비로소 죄가 완전히 사함을 받습니다. 일 년에 한 번 대제사장이 지성소에 들어가 이스라엘 백성의 모든 죄의 용서함을 받는 날이 대속죄일입니다.

예수님은 죄가 하나도 없는 분으로 이 세상에 오셨지만, 또한 그분은 완전한 사람으로 오셨습니다. 그분이 하나님의 어린 양 대속물로서 십자가에 달리셨습니다. 그런데 십자가에서 죽으시고 나서 '그리스도', 곧 "기름부음을 받은 자" 대제사장으로서 지성소에 들어가셨습니다. 그리스도의 피를 가지고 하나님의 보좌에 올라가 그 피를 뿌려서 단번에, 그리고 영원히 우리가 하나님의 죄 용서함을 받도록 해주셨다는 것입니다.

땀방울이 핏방울같이 되는 기도와 그 응답

십자가에 달리기 전 인간이자 대속물일 때에 예수님이 얼마나 큰 고통과 번뇌에 휩싸여 기도하셨으면 땀방울이 핏방울같이 되었을까요? 예수님이 간절히 기도하시느라 땀이 땅에 떨어지는 핏방울같이 되었다는 성경 말씀처럼 진짜 피가 나왔을까요? 제가 의사 선생님에게 물어보니 극도로 힘을 주거나 심하게 울 때 얼굴의 모세혈관이 터져 피가 나오는 것처럼 된다고 합니다. 이 말은 십자가에 달려 돌아가시기 직전에 주님의 기도가 얼마나 간절했는지를 짐작하게 해줍니다.

예수님의 이 기도가 너무너무 십자가에 달리고 싶다는 내용이었을까요? 주님은 이 잔을 내게서 거둬가달라고 기도하셨습니다. 인간 예수님은 솔직히 십자가를 져야만 하는 이 사건을 상당히 힘들어하셨습니다. 물론 "내 원대로 마시옵고 아버지의 원대로 되기를 원하나이다"라고 하셨지요. 그런데 예수님이 기도하면 하나님이 응답해주셔야 하잖아요? 그러면 하나님이 어떤 응답을 해주셨나요? 아니면 응답하지 않으셨나요? 예수님이 땀방울이 핏방울같이 될 정도로 간절히 기도하셨지만 하나님은 이 기도에 끝내 응답하지 않으셨다고 말하기도 합니다. 그러나 성경에는 분명히 하나님께서 예수님께 응답해주셨다고 했습니다.

천사가 들려준 하나님의 메시지

천사가 하늘로부터 예수께 나타나 힘을 더하더라 눅 22:43

여러분, 천사가 나타나는 이유는 예수님이 흘리시는 땀방울을 닦아주기 위해서가 아닙니다. 천사는 이 땅에 하나님의 음성을 들려주기 위해서 옵니다. 천사 가브리엘이 하나님의 보내심을 받아 마리아에게 나타났을 때 그는 마리아가 성령으로 잉태될 것이라는 하나님의 메시지를 알립니다.

보라 네가 잉태하여 아들을 낳으리니 그 이름을 예수라 하라
눅 1:31

예수님이 십자가에 죽으시고 무덤에 장사되었을 때 무덤을 찾아온 막달라 마리아와 다른 마리아에게도 주의 천사가 나타나 "그가 죽은 자 가운데서 살아나셨고 너희보다 먼저 갈릴리로 가신다"라고 하는 하나님의 메시지를 전했습니다.

그렇다면 누가복음 22장 43절에 하늘로부터 나타난 천사에게도 하나님의 메시지가 있었다는 말이 될 것입니다. 예수께서 십자가 달려 돌아가시는 이 일을 위하여 간절히 간구하셨으니, 이 기도에 대한 응답의 메시지에는 하나님의 큰 격려가 담겨 있었을 것입니다.

하나님과 예수님의 대화

그는 육체에 계실 때에 자기를 죽음에서 능히 구원하실 이에게 심한 통곡과 눈물로 간구와 소원을 올렸고 그의 경건하심으로 말미암아 들으심을 얻었느니라 히 5:7

이 말씀이 겟세마네 동산에서 있었던 일을 잘 표현하고 있습니다. 예수님이 육체로 계실 때 자기를 죽음에서 구해주실 수 있는 분이신 하나님께 '심한 통곡과 눈물로' 기도와 탄원을 올리셨습니다. 이 심한 통곡과 눈물의 기도 때문에 땀이 핏방울처럼 떨어진 것입니다. 하나님은 '예수님의 경건하심으로 말미암아' 그분의 기도를 들어주셨고, 천사를 보내어 하나님의 메시지를 들려주십니다. 그 내용이 바로 5,6절 말씀입니다.

> ⁵ 또한 이와 같이 그리스도께서 대제사장 되심도 스스로 영광을 취하심이 아니요 오직 말씀하신 이가 그에게 이르시되 너는 내 아들이니 내가 오늘 너를 낳았다 하셨고 ⁶ 또한 이와 같이 다른 데서 말씀하시되 네가 영원히 멜기세덱의 반차를 따르는 제사장이라 하셨으니 히 5:5,6

예수님은 천사를 통해서 "아들아, 오늘 내가 너를 낳았다"고 하시는 말씀을 듣고 위로를 받으시고 마음이 조금 풀어지셨습니다.

> 내가 여호와의 명령을 전하노라 여호와께서 내게 이르시되 너는 내 아들이라 오늘 내가 너를 낳았도다 시 2:7

또한 성경의 다른 곳에서도 "너는 멜기세덱의 반차를 따르는 영원한 제사장이다"라고 하신 말씀이 있는데, 천사가 예수님께 이 말씀을 들려드리자 예수님이 또 한 번 힘을 얻으신 것입니다.

> 여호와는 맹세하고 변하지 아니하시리라 이르시기를 너는 멜기세

"시편에도 내가 이미 너에 대하여 이렇게 예언하지 않았느냐! 이 말씀을 내가 너를 통해 이루기를 원한다. 너는 멜기세덱의 반차를 따르는 영원한 제사장이다!" 예수님은 이 말씀을 붙들고 일어나 십자가를 지신 것입니다.

"아, 내가 속죄물이 되어 죽임을 당하고 그 피를 가지고 하나님의 보좌에 올라가 지성소에 있는 속죄소에 그 피를 뿌릴 때 온 세상 사람들의 죄를 다 용서함 받게 할 수 있는 그 길이 열린다!" 이것이 우리에게 너무너무 귀하고 놀라운 십자가의 사건이 있기 전날 밤에 있었던 하나님과 예수님과 성령님의 아름다운 추억의 밤이었습니다.

십자가의 전달자인가?

저는 예수님이 잡히시기 전 겟세마네 동산에서 기도하실 때 하나님께서 음성을 들려주셨다고 아는 사람을 만나본 적이 없습니다. 그런데 제가 만난 중국의 지도자 한 분이 저와 같이 성경을 해석하는 것을 보았습니다. 우리가 십자가의 사건에 대해 알면 알수록 우리 안에 더 큰 확신이 생긴다고 믿습니다. 십자가의 분명한 능력을 마음속 깊이 받아들일 수 있기를 바랍니다.

한번은 《십자가의 전달자》라는 제목의 책을 보다가 그 책을 끝까지 읽을 필요가 없다는 생각을 하게 되었습니다. 십자가를 전달하는 사람은 십자가를 '알고' 전하면 안 됩니다. 십자가를 전달하기 위해서는 반드시 십자가를 '경험해야만' 그 십자가를 바르게 전달할 수 있다는 것입니다. 십자가의 놀라운 사랑을 몸소 체험하고 그 십자가 안에 들어가야만 비로소 십자가를 전달할 수 있는 사람이 된다는 것을 읽으며, 저 역시 다시금 회개하고 기도하게 되었습니다. 십자가의 말씀을 전하는 저부터 그 십자가의 사랑에 푹 잠길 수 있도록, 그 사랑이 저에게 넘쳐서 흘러나올 수 있도록 저를 충만하게 해달라고 하는 기도가 터져 나왔습니다.

그런데 십자가를 생각하는데도 갈수록 메말라가는 분이 계십니까? 지금도 맹맹한 분이 있습니까? 이 십자가가 왜 중요할까요? 십자가 자체에 생명이 있기 때문입니다. 십자가는 서로 교통하게 합니다. 그런데 이 십자가의 사랑을 충분히 나누기 어렵다면 아직까지 우리가 십자가의 사랑을 깨닫지 못해서 그런 것이 아닌지 생각해보아야 합니다. 혹시 지금 자신의 신앙이 좋다고 생각하십니까? 인정하기 어렵겠지만 우리 안에 진짜 크리스천이 되기를 꺼려 하는 무언가가 있지는 않은지, 주님의 그 십자가 사랑 안으로 쑥 들어가기를 주저하게 만드는 것이 무엇인지 자기 신앙의 현주소를 한 번 돌아보시기 바랍니다.

하나님의 시간과 계획 속에서 한 치의 오차도 없이 다 들어맞게 이루어주신 예수 그리스도의 십자가, 하나님께서 그분을 십자가에 못 박아 우리의 모든 죄를 깨끗이 용서해주신 이 놀라운 역사와 사건이 나와 관계가 있다는 것을 반드시 믿으시기 바랍니다.

저는 참 행복한 사람인 것 같습니다. 예전에 저는 공부하는 것을 참 싫어했습니다. 그런데 이제는 말씀을 공부하고 생명 있는 책을 보는 것을 참 좋아합니다. 그 안에 생명이 있고 사랑이 있다는 것을 알았기 때문입니다. 저는 십자가의 말씀을 깨닫고 반복해서 말씀을 전할 때 그 말씀이 저에게 다시 더 큰 감격으로 돌아오게 해달라고 기도합니다.

말씀을 많이 전하다보면 어떨 때는 말쟁이가 된 것 같고 그냥 말로써 전할 때도 있는데, 그럴 때는 다시 그 배에서 생수의 강이 흘러나오는 역사가 있기를 기도합니다. 우리를 향한 하나님의 사랑은 너무너무 오묘합니다. 하나님께서 여러분을 사랑하십니다. 하나님의 십자가의 사랑이 우리 안에서 더 뜨거워지고 더 강해지기를 주의 이름으로 간절히 바랍니다.

09
—

율법에서 은혜와 진리로

십자가, 하나님, 성부, 성자, 성령, 하나님의 나라, 하나님의 사랑, 복음, 이 주제들은 하나같이 진리입니다. 진리가 선포될 때 우리는 자유케 됩니다. 반대로 진리 대신 거짓이 역사한다면 그것은 마귀의 역사입니다. 그렇다면 거짓은 하나님의 사랑일까요? 인간의 사랑일까요? 하나님의 나라일까요? 마귀의 나라일까요? 거짓에서 나타나는 것이 십자가의 능력일까요? 자기 의일까요? 복음을 이야기할 때 예수 그리스도에 대해서 이야기할까요? 율법과 선한 행위에 대해서 이야기할까요? 이렇듯 우리는 지금 우리가 진리에 속했는지, 거짓 마귀의 영향력을 받고 있는지를 분별할 수 있습니다.

나누시는 하나님

하나님께서는 세상을 창조하실 때부터 빛과 어둠을 나누셨습니다. 둘째 날은 궁창 위의 물과 궁창 아래의 물을 나누셨습니다. 셋째 날은 물과 뭍을 나누셨고, 넷째 날은 큰 광명체와 작은 광명체를 나누셨어요. 다섯째 날은 하늘의 새와 바다의 생물들을 나누셨고, 마지막 여섯째 날은 흙으로 두 종류를 만드셨는데 짐승을 만드시고 사람도 만드셨습니다. 더 놀라운 것은 하나님께서 땅 위의 동물과 새와 채소와 나무와 이 모든 것을 그 종류대로 만들어 나누셨다는 것입니다.

하나님은 땅과 하늘을 나누시고, 율법과 진리를 나누시고, 악과 선을 나누셨습니다. 하나님은 지옥과 천국을 나누시고, 그림자와 실체를 나누셨습니다. 성경의 이런 전반적인 흐름을 이해하면서 첫 사람 아담과 마지막 아담에 대해서, 모든 육체의 다양함을 기록하고 있는 고린도전서 15장을 살펴보려고 합니다.

35 누가 묻기를 죽은 자들이 어떻게 다시 살아나며 어떠한 몸으로 오느냐 하리니 36 어리석은 자여 네가 뿌리는 씨가 죽지 않으면 살아나지 못하겠고 37 또 네가 뿌리는 것은 장래의 형체를 뿌리는 것

이 아니요 다만 밀이나 다른 것의 알맹이뿐이로되 ³⁸하나님이 그 뜻대로 그에게 형체를 주시되 각 종자에게 그 형체를 주시느니라 고전 15:35-38

죽은 자들이 어떻게 살아나며 그들이 어떤 몸으로 오느냐 묻는 사람에게, 하나님은 하나님이 원하시는 대로 각 종자에 본래의 형체를 주셨다고 말씀합니다.

³⁹육체는 다 같은 육체가 아니니 하나는 사람의 육체요 하나는 짐승의 육체요 하나는 새의 육체요 하나는 물고기의 육체라 ⁴⁰하늘에 속한 형체도 있고 땅에 속한 형체도 있으나 하늘에 속한 것의 영광이 따로 있고 땅에 속한 것의 영광이 따로 있으니 ⁴¹해의 영광이 다르고 달의 영광이 다르며 별의 영광도 다른데 별과 별의 영광이 다르도다 고전 15:39-41

육체에는 사람과 짐승과 새와 물고기, 이렇게 네 가지 종류의 육체가 있습니다. 그런데 이 육체를 다시 어떻게 나누느냐 하면, 하늘에 속한 형체와 땅에 속한 형체가 있다고 합니다. 하늘에 속한 것의 영광이 따로 있고, 땅에 속한 것의 영광이 따로 있다는 것입니다.

살려내심

⁴²죽은 자의 부활도 그와 같으니 썩을 것으로 심고 썩지 아니할 것으로 다시 살아나며 ⁴³욕된 것으로 심고 영광스러운 것으로 다시 살아나며 약한 것으로 심고 강한 것으로 다시 살아나며 ⁴⁴육의 몸으로 심고 신령한 몸으로 다시 살아나나니 육의 몸이 있은즉 또 영의 몸도 있느니라 고전 15:42-44

죽은 자의 부활 역시 우리의 몸이 육의 몸과 신령한 몸으로 나누어진다는 것입니다. 그러니까 사람도 영의 사람과 육신에 속한 사람으로 나누어질 수 있다는 것입니다.

하나님의 나라를 회복시키는 십자가

⁴⁵기록된 바 첫 사람 아담은 생령이 되었다 함과 같이 마지막 아담은 살려주는 영이 되었나니 ⁴⁶그러나 먼저는 신령한 사람이 아니요 육의 사람이요 그다음에 신령한 사람이니라 ⁴⁷첫 사람은 땅에서 났으니 흙에 속한 자이거니와 둘째 사람은 하늘에서 나셨느니라 ⁴⁸무릇 흙에 속한 자들은 저 흙에 속한 자와 같고 무릇 하늘에 속한 자들은 저 하늘에 속한 이와 같으니 고전 15:45-48

첫 사람 아담은 산 영으로 마지막 아담은 살려주는 영으로, 먼저는 육의 사람이고 그다음이 신령한 사람으로, 첫 사람은

땅에서 나서 흙에 속했지만 둘째 사람은 하늘에서 났습니다. 예수님은 하늘로부터 나셨습니다. 49절이 결론입니다.

우리가 흙에 속한 자의 형상을 입은 것같이 또한 하늘에 속한 이의 형상을 입으리라 고전 15:49

우리는 흙으로 지어진 사람의 삶을 살 수도 있고, 하늘에 속한 자의 삶을 살 수도 있는 존재입니다. 첫 사람과 둘째 사람, 땅에 속한 자와 하늘에 속한 자가 나누어집니다. 어둠과 빛, 혼돈과 질서, 거짓과 진리, 그림자와 실체, 저주와 사망이 축복과 생명으로 나누어진다는 것입니다. 모래 위에 지은 집과 반석 위에 지은 집, 가시와 엉겅퀴가 열매로 나타날 수 있고, 마귀의 세계와 그리스도의 세계로 나눌 수가 있습니다. 하나님은 이것을 하나님의 말씀으로 나누셨습니다. 하나님의 말씀으로 우리 눈에 보이고 오늘 우리가 살고 있는 이 세상도 만드셨고, 우리 눈에 보이지는 않지만 빛, 생명, 진리, 질서, 축복도 만드셨습니다.

그러면 이것을 나누는 기준이 무엇일까요? 그것은 바로 십자가입니다. 십자가는 우리에게 완전히 새로운 세상을 열어줍니다. 십자가는 우리에게 완전한 기준이 됩니다. 49절 말씀과 같이 우리가 흙으로 태어났지만 땅에 속한 사람으로 사느냐, 하늘에 속한 사람으로 사느냐를 가르는 기준이 십자가라는 것입니다.

예수님이 이 땅에 인간의 몸을 입고 오셨을 때는 저주와 어둠과 혼돈과 가시와 엉겅퀴를 내는 마귀 세상 가운데 계셨지만, 예수님이 십자가에 돌아가시고 부활하시고 난 다음의 세상은 빛과 진리와 생명으로 완전히 바뀌었습니다. 할렐루야! 주님의 십자가는 단지 우리의 죄를 용서한 정도가 아니라 예수 그리스도의 십자가를 통한 하나님나라의 도래, 완전한 하나님나라의 회복입니다. 십자가로 인하여 천국이 완성된 것입니다.

사망과 사망의 증상들

우리가 로마서 6장 말씀을 충분히 이해하는 것이 중요합니다. 로마서 1장부터 16장의 말씀을 매일 읽으십시오. 이 말씀이 풀어지면 우리는 구원에 대해서 절대 흔들리지 않습니다.

> 죄의 삯은 사망이요 하나님의 은사는 그리스도 예수 우리 주 안에 있는 영생이니라 롬 6:23

그러면 "죄의 삯은 사망이요", "하나님의 은사는 그리스도 예수 우리 주 안에 있는 영생이니라" 이때 '사망'과 대조되는 것은 '영생'이고, '죄'와 대조가 되는 것은 '하나님의 은사'입니다. 죄의 삯은 사망이라고 했는데 그러면 '삯'이란 무엇입니까? 로마시대에는 용병이 많았는데 삯은 이 전쟁 용병들에게 지급하는 급료를 의미했다고 합니다. 이때 소금이 귀했는데 봉급으로 소금을 주었고, 소금(salt)에서 봉급(salary)이라는 단어가 유래되었다고 합니다. 그러니까 "죄의 삯은 사망이요"라는 말은 평생 열심히 죄를 지으며 산 사람에게 마귀가 수고했다고 지급하는 품삯이 '사망'이라는 것입니다.

이것은 아주 무서운 단어입니다. 평생 나름대로 최선을 다해 열심히 살았는데 그 결과는 사망입니다. 여러분, 예수를 믿지 않는 모든 사람들의 결국이 바로 사망입니다. 죄가 있다면 사망이 그 결과입니다. 이렇듯 죄인은 마지막에 죽어 영원한 지옥에 떨어집니다. 그런데 이 땅에 사는 동안에도 사망의 증상을 겪습니다. 예를 들어 우리가 감기에 걸리면 오한, 발열, 기침, 두통, 콧물이라는 증상이 나타나는 것처럼 우리가 죄를 지었기 때문에 죄의 결과인 사망으로 나타나는 증상들이 있다는 것입니다. 그것이 불안, 초조, 우울, 불신, 미움, 시기, 질투, 분노, 혈기, 외로움 등입니다.

우리는 죄를 지어 바로 죽는 것이 아니라 죄를 짓고 나서 이런 현상을 통하여 사망으로 간다는 것입니다. 감기에 걸렸기 때문에 감기 증상이 나타나듯 우리가 사망 아래 있기 때문에 초조하고 불안하고 또한 이 땅에 범죄와 불신과 고통이 있다는 것입니다. 이 사망을 없애려면 우리에게 반드시 십자가가 있어야 합니다. 십자가는 우리의 죄 문제를 해결함으로써 사망만 없애는 것이 아니라 사망으로 인하여 우리가 겪는 증상까지 전부 다 없애줍니다.

예수님이 채찍질 당하신 이유

예수님의 십자가 사건을 보면 예수님이 그렇게 해주셨다는 증거를 찾을 수 있습니다. 예수님은 십자가를 지실 때 채찍에 맞으셨고 머리에 가시 면류관을 쓰셨습니다. 사망만 없애려면 예수님이 십자가에서 곧바로 죽으시면 됩니다. 굳이 채찍에 맞고 가시 면류관을 쓰실 필요가 없습니다. 솔직히 저는 왜 그렇게까지 하셨는지를 깨닫기 전에는 진짜 우리 하나님이 너무 잔인하시다고 생각했습니다. '패션 오브 크라이스트' 영화에 보면 피가 튀고 살점이 떨어져 나갈 정도로 잔혹하게 채찍질 당하는 모습이 나옵니다. 침 뱉음을 당하고, 손과 발에 못이 박히고, 벌거벗기고 십자가에 매달아 왜 그토록 잔혹하게, 그리고 철저히 모독과 모욕과 아픔을 주었느냐 하는 것입니다.

[1]우리가 전한 것을 누가 믿었느냐 여호와의 팔이 누구에게 나타났느냐 [2]그는 주 앞에서 자라나기를 연한 순 같고 마른 땅에서 나온 뿌리 같아서 고운 모양도 없고 풍채도 없은즉 우리가 보기에 흠

모할 만한 아름다운 것이 없도다 ³그는 멸시를 받아 사람들에게 버림 받았으며 간고를 많이 겪었으며 질고를 아는 자라 마치 사람들이 그에게서 얼굴을 가리는 것 같이 멸시를 당하였고 우리도 그를 귀히 여기지 아니하였도다 ⁴그는 실로 우리의 질고를 지고 우리의 슬픔을 당하였거늘 우리는 생각하기를 그는 징벌을 받아 하나님께 맞으며 고난을 당한다 하였노라 ⁵그가 찔림은 우리의 허물 때문이요 그가 상함은 우리의 죄악 때문이라 그가 징계를 받으므로 우리는 평화를 누리고 그가 채찍에 맞으므로 우리는 나음을 받았도다 ⁶우리는 다 양 같아서 그릇 행하여 각기 제 길로 갔거늘 여호와께서는 우리 모두의 죄악을 그에게 담당시키셨도다 ⁷그가 곤욕을 당하여 괴로울 때에도 그의 입을 열지 아니하였음이여 마치 도수장으로 끌려 가는 어린 양과 털 깎는 자 앞에서 잠잠한 양 같이 그의 입을 열지 아니하였도다 ⁸그는 곤욕과 심문을 당하고 끌려 갔으나 그 세대 중에 누가 생각하기를 그가 살아 있는 자들의 땅에서 끊어짐은 마땅히 형벌 받을 내 백성의 허물 때문이라 하였으리요 ⁹그는 강포를 행하지 아니하였고 그의 입에 거짓이 없었으나 그의 무덤이 악인들과 함께 있었으며 그가 죽은 후에 부자와 함께 있었도다 ¹⁰여호와께서 그에게 상함을 받게 하시기를 원하사 질고를 당하게 하셨은즉 그의 영혼을 속건제물로 드리기에 이르면 그가 씨를 보게 되며 그의 날은 길 것이요 또 그의 손으로 여호와께서 기뻐하시는 뜻을 성취하리로다 ¹¹그가 자기 영

살려내심

혼의 수고한 것을 보고 만족하게 여길 것이라 나의 의로운 종이 자기 지식으로 많은 사람을 의롭게 하며 또 그들의 죄악을 친히 담당하리로다 12그러므로 내가 그에게 존귀한 자와 함께 몫을 받게 하며 강한 자와 함께 탈취한 것을 나누게 하리니 이는 그가 자기 영혼을 버려 사망에 이르게 하며 범죄자 중 하나로 헤아림을 받았음이니라 그러나 그가 많은 사람의 죄를 담당하며 범죄자를 위하여 기도하였느니라 사 53:1-12

이것은 우리가 너무 잘 아는 이사야서 53장입니다. 하나님은 우리의 사망뿐만 아니라 우리에게 있는 사망의 현상들까지 전부 다 없애주시기 위해 이 예언적인 말씀을 고스란히 이루어주셨습니다. 할렐루야! 십자가의 능력은 죄 사함을 받아 영혼을 구원받는 것뿐만 아닙니다. 오늘 우리가 당하는 아픔과 고통과 외로움과 불안함과 우울증과 불면증과 굶주림, 모든 저주까지 주님이 이 십자가에서 철저히 고통을 당하셔서 우리가 나음을 받은 것입니다. 그 십자가의 능력을 믿으시기 바랍니다.

그러면 예수님의 십자가의 은혜를 받은 자라면 우울증이 있겠습니까? 없겠습니까? 없어요. 십자가의 능력이 있는 사람 안에 고통이 있겠어요? 없겠어요? 없는 것입니다. 우리에게 아픔이 있습니까? 없습니까? 없습니다. 그래서 십자가가 정말 놀라운 것입니다.

믿음으로만 구원받은 강도

십자가 이전에는 구원이 있었습니까? 없었습니까? 우리가 어떻게 하면 구원을 받습니까? 우리는 죄 사함을 받으면 구원을 받고 천국에 가는데, 그렇다면 십자가 이전에 죄 사함을 받는 방법이 있었습니까? 없었습니까? 죄 사함을 받는 방법이 있었습니다. 그렇다면 구원을 받은 것입니다. 그러나 십자가를 통해서 받은 구원처럼 완전한 구원은 아니었습니다.

예수님이 십자가에 달릴 때 예수님과 함께 두 행악자 역시 사형을 받게 되어 하나는 예수님 우편에, 하나는 좌편에 달렸습니다. 예수님은 십자가에서 자신을 십자가에 못 박는 사람들을 향해 "아버지, 저들을 사하여주옵소서 자기들이 하는 것을 알지 못함이니이다"라고 말씀하셨습니다. 행악자 중에 하나가 예수님께 "너와 우리를 구원하라"고 조롱하자 다른 하나가 그를 꾸짖었고, 예수님께 "당신의 나라에 들어가실 때 나를 기억해주소서"라고 말했습니다. 그러자 예수께서 "오늘 네가 나와 함께 낙원에 있으리라"라고 하셨습니다.

결국 이 십자가 사건이 무엇을 나누는지 보십시오. 모세의 율법을 적용한다면 죄를 지은 두 강도는 당연히 죽어 지옥에 가는 것이 마땅하고, 예수님께 믿음을 고백한 오른편 강도 역시 반드시 죽어 지옥에 가는 것이 마땅합니다. 두 사람 다 십자가라는 극형을 받은 죽어 마땅한 죄인들입니다. 그런데 예수 그리스도의 십자가를 기준으로 좌편 강도는 율법대로 그의 영혼의 운명이 결정되어 죽어 지옥에 갔지만, 우편 강도는 예수 그리스도의 십자가의 은혜와 진리로 그저 믿기만 했는데도 구원을 받았습니다. 그 사람이 착하게 잘 살아서 구원받은 것이 전혀 아닙니다. 십자가에 달리신 예수 그리스도를 믿기만 했는데 구원받은 것입니다. 이처럼 예수님은 갈보리 언덕의 십자가를 통해 우리에게 완전한 구원을 보여주셨습니다. 할렐루야!

십자가를 통과한 그리스도인

> 말씀이 육신이 되어 우리 가운데 거하시매 우리가 그의 영광을 보니 아버지의 독생자의 영광이요 은혜와 진리가 충만하더라 요 1:14

예수님에게는 아버지의 독생자의 영광이 있었습니다. 예수님은 마침내 십자가에서 하나님의 영광을 이루기 시작하셨습니다. 그러니까 십자가의 영광에 이르자 사람의 눈에 아무 소망이 없어 보이는 강도라 할지라도 주 예수를 믿기만 해도 구원을 받을 수 있는 것입니다. 그 은혜와 진리의 시대가 오늘 우리에게까지 계속해서 흘러왔다는 것입니다.

여러분, 구원은 절대 싸구려가 아닙니다. 우리가 하나님의 은혜를 얼마나 알고 하나님의 계획과 행하신 바를 얼마나 알까요? 예수님이 우리의 죄 때문에 어떤 큰 대가와 수고를 지불하고 돌아가셨는지, 하나님의 그 무한하신 사랑의 무게를 우리가 어떻게 다 알 수 있겠습니까? 하나님은 우리를 위하여 누구도 대신할 수 없는 놀라운 구원을 이루어주셨습니다.

그런데 한편에서 '그렇게 믿어서는 구원받지 못한다', '지옥에 가는 크리스천'이라는 등의 부정적인 말로 교회를 흔드는 사람들이 있는데 이것은 아주 잘못된 말입니다. 그리스도인은 아무나 되는 것이 아닙니다. 그리스도인이란 반드시 십자가를 통하여서만 되는 것입니다. 그리고 십자가를 통과한 사람은 은혜와 진리 속에 있기 때문에 구원을 받았습니다. 우리의 믿음의 대상이 믿음의 주요 또 온전하게 하시는 이인 예수님인 것과 예수님의 십자가를 통해 나타난 놀라운 하나님의 능력과 은혜 때문에 오늘도 우리가 숨쉬며 살아갈 수 있다는 것을 믿으시기 바랍니다.

10

—

구원에 이르는 회개

이 땅 모든 사람들이 갖는 공통적인 이름이 있는데 그것은 바로 '죄인'이라는 이름입니다. 그런데 그 죄인이 의인으로 바뀝니다. 죄인에서 의인으로 바뀌기 위해서 우리는 반드시 십자가를 통과해야만 합니다. 또한 이 십자가를 통과할 때 나타나는 현상이 있습니다. 우리에게 이 현상이 있는지 없는지 확인해보는 것은 내가 혹시 잘못된 것은 아닌지, 내가 진짜 구원받은 것이 맞는지 정직히 알아볼 수 있는 좋은 기회가 됩니다. 물론 믿지 않는 것으로 확인되면 마음이 아플지 모릅니다. 하지만 지금이라도 고쳐서 진짜 믿기 시작하면 그것이 가장 빠른 기회가 될 것입니다.

사람 죽여놓고 미안하다고 하면 다인가?

이스라엘 백성들은 예수님을 십자가에 못 박아 죽였습니다. 그러나 예수님은 부활하셔서 그리스도가 되셨습니다. 지금 베드로는 예수님을 십자가에 못 박아 죽인 죄인인 이스라엘 백성들을 향해 "너희가 십자가에 못 박은 예수가 주와 그리스도이시다"라는 사실을 증거하며, 이스라엘 모든 사람들이 이것을 확실히 알아야 된다고 말합니다.

> 그런즉 이스라엘 온 집은 확실히 알지니 너희가 십자가에 못 박은
> 이 예수를 하나님이 주와 그리스도가 되게 하셨느니라 하니라
> 행 2:36

그러면 이 사실을 왜 확실히 알아야 합니까? 이것을 확실히 알아야 구원을 받기 때문입니다. 베드로는 하나님께서 그들이 죽인 이 예수를 부활시키시고 주와 그리스도가 되게 하셨다고 말합니다. 예수를 죽인 이스라엘 사람들이 이 말을 듣고 마음에 찔렸습니다. "옴마야, 큰났다"라고 찔리겠습니까? 안 찔리겠습니까? 찔립니다. 사람을 죽였는데 잘못했다고 해야 합니까? 안 해도 됩니까? 해야지요! 정말 잘못했다고 하고 찔려서

회개를 해야 합니다.

> 그들이 이 말을 듣고 마음에 찔려 베드로와 다른 사도들에게 물어 이르되 형제들아 우리가 어찌할꼬 하거늘 행 2:37

그런데 그 회개가 그냥 "I'm sorry" 이 정도만 해도 될까요? 베드로의 이 말을 듣고 마음에 찔려서 "으악!" 비명이 나오고, 나 어떡하면 좋냐고 울고불고, "우리가 너무너무 잘못했구나!"라고 가슴을 찢으며 부르짖는 회개가 되어야 합니다. 그와 마찬가지로 우리에게도 이것이 없다면 우리는 구원받지 못했습니다. 바로 이 경험, 이 처절한 회개가 없는데 과연 이 사람이 구원받았을까요? 아니요.

제대로 한 번 회개했는가?

사실 일반적인 진리는 똑같습니다. 처음 아기가 태어날 때 아기는 전부 다 "응애" 하고 울면서 태어납니다. 울지 않고 태어나는 아기는 하나도 없습니다. 이것이 일반적인 진리이듯 우리가 예수를 믿고 구원받는 것도 동일합니다. 예외가 없습니다. 나의 죄 문제 때문에, 십자가에 못 박힌 예수님 때문에 정말 통회 자복하고 엉엉 울면서 하나님 앞에 나가본 적이 있습니까? 이 문제로 씨름해본 적이 없다면 그 사람은 아직까지 거듭나지 못한 사람입니다. 거듭난다는 말은 다시 태어난다는 것입니다. 하나님의 자녀로 다시 태어날 때 우리는 울면서 태어나는 것입니다.

솔직히 교회를 다니는 분들 중에서 구원받지 못한 사람도 있습니다. 교회를 다니고 예수를 믿는다고 말해도 예수 믿는 것이 가짜일 수도 있고, 자신이 정말 믿는다고 착각할 수도 있습니다. 그런데도 많은 분들이 거짓말을 합니다. 거듭나지 않은 사람에게 "괜찮다, 괜찮다", "너 구원받았어" 이렇게 말하고 넘어가는데 그렇지 않습니다. 안 괜찮습니다. 저도 여러분의 귀를 즐겁게 할 수 있습니다. 하지만 그렇게 하고 싶지 않습니다. 지금 구원받지 못한 분들이 있다면 이 말씀을 듣고 회개하여 확실히 구원받을 수 있기를 바랍니다.

베드로가 이르되 너희가 회개하여 각각 예수 그리스도의 이름으로 세례를 받고 죄 사함을 받으라 그리하면 성령의 선물을 받으리니 행 2:38

그렇다면 왜 그렇게 회개가 안 될까요? 이 사실이 자신에게 믿어지지 않기 때문입니다. "너희가 십자가에 못 박은 예수"라는 말은 "내가 죽어야 되는데 나 대신 예수를 십자가에 못 박아 죽였다"는 것과 동일합니다. 예수님이 내 죄 때문에 죽었기 때문에 예수님은 결국 나 때문에 죽었고 내가 죽인 것이나 다름이 없다는 것입니다. 이것으로 인한 처절한 회개가 있습니까? 이 처절한 회개의 경험이 한 번이라도 있어야 합니다. 이것이 없다면 솔직히 그 사람은 구원받지 못했습니다.

여러분, 한때 안티기독교 영화라고 해서 시끄러웠던 '밀양'이라는 영화를 아십니까? 주인공 신애는 어린 아들이 유괴되어 살해당하는 끔찍한 고통을 겪다가 교회에 나가 회복되면서 하나님의 말씀대로 유괴범을 용서해야겠다고 마음먹고 교도소로 그를 찾아갑니다. 그에게 "당신을 용서하겠다"라고 말하지만 유괴범은 신애에게 자신이 교도소에서 하나님을 만났고, 자신은 이미 하나님으로부터 용서를 받았다고 말합니다. 그 말을 들은 주인공은 그만 폭발하고 맙니다.

그때 누군가 이 자매에게 진짜 회개에 대해 가르쳐주었다면 좋았을 것을…. 저 사람, 진짜 회개한 게 아니라고, 저 사람이 진짜 회개했다면 심히 찔려서 울며 잘못했다고, 나는 하나님과 사람 앞에 설 수 없는 죄인이라고 통곡했을 거라고 알려주었다면 영화가 멋지게 끝나지 않았을까 생각해봅니다. 제대로 회개가 되지 않은 상태는 오히려 이렇게 완전히 반감을 일으킵니다.

내가 죽인 예수

저도 얼마든지 기분 좋게 "당신은 구원받았습니다" 하고 도매

금으로 넘길 수 있지만, 그러나 정말 정확히 하고 싶습니다. 여러분, 내 죄 때문에 예수님이 십자가에 달려 돌아가셨다고 생각해보십시오. 아니, 사람을 죽였는데 어떻게 떨림이 없습니까? 만왕의 왕이신 하나님이 나 대신 죽었습니다. 내 죄가 얼마나 더럽고 추악하면 그 죄 때문에 그분이 죽습니까? 그런데 어떻게 내게 찔림이 없고, 내 심정에 아무 변화가 없고, 회개가 터져 나오지 않을 수 있습니까? 회개가 안 되는 게 이상하지요!

여러분, 우리가 여기서부터 정확히 출발하지 않았다면 우리는 신앙생활을 거꾸로 한 것입니다. 한마디로 종교생활 한 것입니다. 너무 많은 분들이 "예수님이 당신을 위해서 십자가에서 돌아가셨습니다. 믿습니까?" 하고 "아멘" 하면 "이제 당신은 예수를 믿고 하나님의 자녀가 되었습니다"라고 하는데, 우리가 정확히 알아야 할 사실은 우리가 죽인 예수가 우리 주 예수 그리스도라는 것입니다. 한마디로 우리가 살인자라는 것입니다. 이스라엘 사람들도 이 말을 듣고 찔렸다는 것입니다.

저는 중학교 2학년 때 이 일이 있었습니다. 여름 수련회 때 전도사님의 설교를 듣는 순간 예수님이 나 때문에 죽었다는 사실이 너무 괴로워서 바닥을 데굴데굴 구르며 울었습니다. 내가 죄를 안 지었으면 예수님이 안 죽었을 텐데, 내 죄 때문에 예수님이 죽었다는 것이 너무너무 힘들어서 울다가 토하고 화장실로 뛰어가 쏟아내고 다시 울었습니다. 선생님은 그것이 회개인지도 모르고 저에게 뭘 잘못 먹었느냐고 하는데, 저는 눈물 콧물을 흘리며 계속해서 울었어요. 여러분도 이런 기억이 있습니까?

예수님이 십자가에 죽으시고 부활하셔서 우리의 주와 그리스도(Lord and Christ)가 되셔서 우리에게 해주신 위대한 사역이 바로 죄인이 예수 그리스도를 믿고 회개하여 의인이 되게 하는 역사입니다. 여러분, 이 말씀을 듣고 마음에 찔리시기를 간절히 바랍니다. 회개하여 예수 그리스도를 믿고 죄 사함을 받으시기 바랍니다. 믿음은 정말 하나님께서 베풀어주시는 놀라운 은혜입니다. 예수를 정말 알고, 그 예수를 정확히 믿고, 예수께 받은 은혜를 아는 사람과 함께하시기를 바랍니다.

우리에게 이만한 은혜를 주신 분이 세상 어디에 있습니까? 그런데 그런 예수께 신실하지 못하다면 그 사람은 의리가 없는 사람입니다. 그런 사람이 배은망덕하게 배반합니다. 우리가 그 은혜로 인하여 믿음으로 말미암아 구원을 얻는다는 말씀이 맞습니다. 믿음은 하나님께서 베풀어주신 놀라운 은혜입니다. 그 구원의 은혜와 은총이 가득하시기를 바랍니다.

> 너희는 그 은혜에 의하여 믿음으로 말미암아 구원을 받았으니 이 것은 너희에게서 난 것이 아니요 하나님의 선물이라 엡 2:8

하나님의 드림팀, 성령님의 구원 사역

십자가는 삼위일체 하나님의 공동작품입니다. 성부 하나님은 십자가를 계획하시고 허락하셨습니다.

> 5 그가 찔림은 우리의 허물 때문이요 그가 상함은 우리의 죄악 때문이라 그가 징계를 받으므로 우리는 평화를 누리고 그가 채찍에 맞으므로 우리는 나음을 받았도다 6 우리는 다 양 같아서 그릇 행하여 각기 제 길로 갔거늘 여호와께서는 우리 모두의 죄악을 그에게 담당시키셨도다 사 53:5,6

성부 하나님은 예수님에게 이 십자가를 담당시키셨고, 성자 예수님은 이 십자가를 지셨습니다.

> 6 그는 근본 하나님의 본체시나 하나님과 동등됨을 취할 것으로 여기지 아니하시고 7 오히려 자기를 비워 종의 형체를 가지사 사람들과 같이 되셨고 8 사람의 모양으로 나타나사 자기를 낮추시고 죽기까지 복종하셨으니 곧 십자가에 죽으심이라 빌 2:6-8

이와 같이 예수님이 사람의 모양으로 나타나셔서 자기를 낮추시고 죽기까지 복종하신 것이 바로 '십자가의 죽으심'입니다. 그리고 성령 하나님은 우리에게 하나님이 십자가를 담당시키신 사건과 예수님이 십자가를 지신 이 놀라운 사건을 깨닫게 하십니다. 이 십자가는 하나님의 구원의 능력입니다. 십자가는 하나님의 능력이고 하나님의 지혜인데, 이 능력과 지혜를 깨닫게 하시고 이 능력을 우리 가운데 임하게 하시는 분이 바로 성령님이십니다.

특별히 성령님이 하시는 일을 성령님의 삼차원적 사역으로 정리해보면 첫째, 중생입니다. 성령님은 우리를 거듭나게 하십니다. 우리를 구원하게 하신다는 것입니다. 둘째, 성숙입니다. 우리가 태어나기는 했는데 자라나지 않는다면 그것은 정상이 아닙니다. 성령님은 태어나게 하신 다음 우리를 성숙하게 하시는 일을 하십니다. 셋째, 열매가 나타나게 하십니다. 우리가 중생하였고 성숙하게 되었다면 이제는 사역하게 하신다는 것입니다. 내 안에 죽어 있던 영이 다시 살아나 살아 있는 영으로 나타나고, 살아 있는 영이 점점 더 성숙하여서 그에 합당한 아름다운 삶을 살게 하시는 것이 성령님이 하시는 일입니다.

예수님이 이 땅에서 30년 동안 사시고 3년간 사역하시다가 십자가에 죽으시고 부활하셨습니다. 그다음 그리스도가 되셨습니다. 그런데 사람들은 예수가 그리스도가 되신 것을 몰랐습니다. 왜냐하면 그리스도를 알게 하는 영이 그들에게 없었기 때문입니다. 사도행전 2장에서 베드로가 이스라엘 사람들에게 그들이 십자가에 못 박은 이 예수가 주와 그리스도가 되셨다고 증거했을 때 그들이 이 말을 듣고 마음에 찔림으로 반응한 것은 그 안에서 성령님이 역사하셨기 때문입니다.

11

부활과 그리스도의 영

예수님은 부활하시고 난 다음 인간의 몸의 형태로 계시지 않고 성결의 영으로 나타나셨습니다.

> ¹예수 그리스도의 종 바울은 사도로 부르심을 받아 하나님의 복음을 위하여 택정함을 입었으니 ²이 복음은 하나님이 선지자들을 통하여 그의 아들에 관하여 성경에 미리 약속하신 것이라 ³그의 아들에 관하여 말하면 육신으로는 다윗의 혈통에서 나셨고 ⁴성결의 영으로는 죽은 자들 가운데서 부활하사 능력으로 하나님의 아들로 선포되셨으니 곧 우리 주 예수 그리스도시니라 롬 1:1-4

부활하신 예수님은 이제 성결의 영으로, 하나님의 아들로, 곧 우리 주 예수 그리스도가 되셨습니다. 그분은 그리스도의 영을 우리에게 보내주십니다. 내 안에 그리스도의 영이 있는지 없는지 어떻게 알 수 있느냐 하면, 예수님이 그리스도시라는 사실이 믿어지는 것으로 알 수 있습니다.

> 만일 너희 속에 하나님의 영이 거하시면 너희가 육신에 있지 아니하고 영에 있나니 누구든지 그리스도의 영이 없으면 그리스도의 사람이 아니라 롬 8:9

내 안에 그리스도의 영이 있어야만 예수님이 나의 죄를 위하여 십자가에 달려 돌아가셨다는 사실을 믿을 수 있고, 그분이 부활하셔서 그리스도가 되셨다는 것이 믿어진다는 것입니다.

> [10]또 그리스도께서 너희 안에 계시면 몸은 죄로 말미암아 죽은 것이나 영은 의로 말미암아 살아 있는 것이니라 [11]예수를 죽은 자 가운데서 살리신 이의 영이 너희 안에 거하시면 그리스도 예수를 죽은 자 가운데서 살리신 이가 너희 안에 거하시는 그의 영으로 말미암아 너희 죽을 몸도 살리시리라 롬 8:10,11

예수님이 부활하실 때!

그런데 문제는 우리 안에 이 구원의 확신이 너무 미미하다는 것입니다. 우리가 어떻게 구원을 받았는지, 어느 시점에 구원을 받았는지 제대로 아는 사람이 없습니다. 단적으로 우리가 언제 구원받았습니까? 예수님이 십자가에 달려 돌아가셨을 때 우리가 죄 사함을 받았습니까? 예수님이 십자가에서 "다 이루었다"라고 하실 때입니까? 온 땅에 어둠이 임하고 땅이 흔들리고 바위가 갈라지고 성소 휘장이 찢어졌을 때 우리가 죄 용서함을 받았나요?

대부분 그렇게 알고 있습니다. 저도 그렇게 듣고 알았는데 그것이 아닙니다. 예수님이 십자가에 달려 돌아가신 것은 형이 집행되는 순간입니다. 그러면 우리의 죄가 깨끗이 사함을 받는 것은 언제입니까? 바로 예수님이 부활하셨을 때입니다. 예수님이 십자가에 죽으시고 부활하신 것을 믿으십니까?

[16] 예수께서 마리아야 하시거늘 마리아가 돌이켜 히브리 말로 랍오니 하니 (이는 선생님이라는 말이라) [17] 예수께서 이르시되 나를 붙들지 말라 내가 아직 아버지께로 올라가지 아니하였노라 너는 내 형제들에게 가서 이르되 내가 내 아버지 곧 너희 아버지, 내 하나님 곧 너희 하나님께로 올라간다 하라 하시니 요 20:16,17

부활하신 예수님이 막달라 마리아에게 나타나셨을 때 예수님은 마리아에게 자신을 붙들지 말라고 말씀하셨습니다. 왜냐하면 예수님이 아직 아버지께로 올라가지 않으셨기 때문입니다. 예수님이 부활하셔서 예수의 생명, 곧 예수의 피를 가지고 하늘의 지성소에 올라가지 않으셨다는 것입니다. 성막의 제사를 통해 다시 설명해보면, 성막 뜰에 있는 번제단에서 제물을 잡아 그 피를 가지고 지성소에 들어가 속죄소에 그 피를 뿌릴 때 우리는 속죄를 받습니다. 그렇다면 십자가의 죽음은 성막 뜰(번제단과 물두멍)에서 일어난 사건, 즉 형 집행이 이루어진 순간이지 우리가 완전한 죄 사함을 받는 것이 아니라는 것입니다.

완전한 죄 용서함의 확증

십자가의 죽음 그 자체가 왜 우리의 죄가 용서함 받는 것이 아닌지 예를 하나 들어보겠습니다. 한 사람이 큰 죄를 짓고 징역 20년이라는 형을 받았습니다. 그래서 감옥에 들어가 감방에서 살아갑니다. 이제 막 1년이 지났습니다. 그럼 이 사람이 아직 벌을 받고 있습니까? 죄 용서함을 받았습니까? 아직 받고 있는 중입니다. 2년이 지났습니다. 그는 아직 여전히 벌을 받고 있는 죄인입니다. 3년이 지났지만 그는 아직도 죄인입니다. 10년이 지났습니다. 이 사람이 죄인입니까? 아닙니까? 죄인입니다.

그렇다면 19년이 지나서 이제 1년밖에 남지 않았습니다. 죄인입니까? 아닙니까? 죄인입니다. 19년 하고 364일이 되어 이제 딱 하루 남았습니다. 그가 죄인입니까? 아닙니까? 죄인입니다. 6시간 남아도 그는 죄인입니다. 1시간이 남아도 그는 죄인입니다. 언제까지 그렇습니까? 20년이라는 형벌의 시간이 0이 되는 순간, 정확히 20년이 되면 그 사람은 더 이상 감옥에 있지 않습니다. 있고 싶어도 있을 수 없습니다. 왜냐하면 죗값을 완전히 치러서 이제 더 이상 죄가 없기 때문입니다.

그러면 엄청난 죄를 짓고 '사형'을 선고받은 사람이 있다고 합시다. 그가 사형에 처해졌습니다. 이 사람에게는 '죽음'이 그 형벌입니다. 맞습니까? 죽음은 죽은 상태로 계속 있는 것입니다. 계속 죽어 있으면 그는 죽음이라는 형벌을 계속 받고 있는 것입니다. 그러니까 이 사람이 죽음 아래 그대로 있으면 그는 계속 죄인인 셈입니다. 반대로 그가 죽음에 있지 않고 다시 살아났다면 그는 더 이상 죄인이 아닌 것이죠. 죽음이 없으면 형이 끝난 것입니다.

예수님의 죽으심이란, 예수님이 사형이라는 형 집행을 받은 것입니다. 그런데 예수님이 더 이상 죽음 아래 있지 않고 다시 살아나셨다면, 예수님의 부활은 예수님이 죽음이라는 형벌을 이미 치르셨으며, 우리에게 완전한 죄 용서함을 주셨다는 확증이 됩니다. 만약 예수님이 우리 죄를 위하여 십자가에 달려 죽으셨는데, 아직까지 부활하지 않고 있다면 우리는 지금도 여전히 죄 아래 있는 것입니다. 저는 이것을 감옥에 가서 깨달았습니다. 우리를 위하여 죽으시고 부활하셔서 우리의 죗값을 완전히 치러주신 주님께 감사드립니다.

> [12] 그리스도께서 죽은 자 가운데서 다시 살아나셨다 전파되었거늘 너희 중에서 어떤 사람들은 어찌하여 죽은 자 가운데서 부활이 없다 하느냐 [13] 만일 죽은 자의 부활이 없으면 그리스도도 다시 살아나지 못하셨으리라 [14] 그리스도께서 만일 다시 살아나지 못하셨으면 우리가 전파하는 것도 헛것이요 또 너희 믿음도 헛것이며 [15] 또 우리가 하나님의 거짓 증인으로 발견되리니 우리가 하나님이 그리스도를 다시 살리셨다고 증언하였음이라 만일 죽은 자가 다시 살아나는 일이 없으면 하나님이 그리스도를 다시 살리지 아니하셨으리라 [16] 만일 죽은 자가 다시 살아나는 일이 없으면 그리스도도 다시 살아나신 일이 없었을 터이요 [17] 그리스도께서 다시 살아나신 일이 없으면 너희의 믿음도 헛되고 너희가 여전히 죄 가운데 있을 것이요 고전 15:12-17

우리가 심판에 이르지 말아야 하는 이유

부활에 대해서 이야기하려면 '첫째 부활'과 '둘째 사망'에 대해서도 이야기해야 합니다. 우리가 여기서 말하는 천국과 지옥은 우리가 죽어서 가는 곳, 예수 믿으면 천국 가고 예수 안 믿으면 지옥 가는 것을 말하는 것이 아닙니다. 천국과 지옥은 마지막 백보좌 심판이 끝나고 나서 결정됩니다. 지금 우리가 죽으면 천국과 지옥에 가는 것이 아니라 천국 대기소에 가고 지옥 대기소에 갑니다. 성경에는 이것을 '잔다'라고 표현합니다.

그러면 심판은 언제 받습니까? 예수 믿는 자도 예수 안 믿는 자도, 구원받은 사람도 구원받지 않은 사람도, 죽은 사람들이 모두 재림하시는 예수님의 음성을 듣고 무덤에서 나올 때가 옵니다. 이때 선한 일을 행한 사람은 부활하여 영원한 생명을 얻고, 악한 일을 행한 사람은 부활하여 심판을 받게 됩니다.

> [25]진실로 진실로 너희에게 이르노니 죽은 자들이 하나님의 아들의 음성을 들을 때가 오나니 곧 이 때라 듣는 자는 살아나리라 [26]아버지께서 자기 속에 생명이 있음 같이 아들에게도 생명을 주어 그 속에 있게 하셨고 [27]또 인자됨으로 말미암아 심판하는 권한을 주셨느니라 [28]이를 놀랍게 여기지 말라 무덤 속에 있는 자가 다 그의 음성을 들을 때가 오나니 [29]선한 일을 행한 자는 생명의 부활로, 악한 일을 행한 자는 심판의 부활로 나오리라 요 5:25-29

그러니까 죽은 사람들은 지금 다 무덤에 있는데, 주님이 오시는 마지막 심판 때에 죽은 자들을 다 살리십니다. 살려서 예수를 믿는 자, 생명이 있는 자는 백보좌 심판을 받지 않고 예수를 믿지 않는 자는 심판을 받게 됩니다. 여러분, 감옥에 안 가 봐서 잘 모르시겠지만, 제가 감옥에 가보니까 감옥 안에서 "잘 못했다", "미안하다" 이렇게 회개하는 사람들보다 감옥에 들어 온 것이 너무 억울하다는 사람들이 많았습니다. 혹시 사기 친 사람이 있습니까? 그런데 사기 친 사람이 재판에 넘겨져서 판결 을 받으면 감옥에 가지만, 재판을 받지 않고 그냥 버젓이 잘 살 아가는 사람도 많다는 것을 아십니까?

솔직히 감옥 밖에 있는 사람들도 감옥에 올 사람들이 많은 데, 왜 누구는 감옥에 있고 누구는 감옥 밖에 있을까요? 재수 없이 걸려서 들켜서 감옥에 왔을까요? 감옥에 들어온 사람들은 재판을 받아 유죄 선고를 받았고, 감옥 밖에 있는 사람들은 같 은 죄를 지었다 할지라도 재판을 받지 않았기 때문입니다. 그 러니까 죄가 있다고 해서 다 감옥에 간 것이 아니라 재판을 받 은 사람이 감옥에 간 것입니다. 그러면 지옥도 누가 갈까요? 심판대에서 심판을 받는 자들이 가는 것입니다.

예수 믿으면 심판을 받지 않는 이유

이 점이 우리가 천국에 가느냐 지옥에 가느냐를 말해줍니다. 우리가 어떻게 하면 구원을 받습니까? 예수를 믿으면 구원을 받습니다. 흔히 예수님이 내 죄를 위하여 십자가에 달려 돌아 가신 것을 믿기 때문에 구원을 받는다고 이야기합니다. 그런데 사실 이것은 정확한 답이 아닙니다. "내가 예수 그리스도를 믿어 심판을 받지 않고 영생이 이르기 때문에 구원을 받습니다"라는 말이 정답입니다.

> 한번 죽는 것은 사람에게 정해진 것이요 그 후에는 심판이 있으리니 히 9:27

우리는 모두 심판대에 서야 합니다. 그러나 예수를 믿는다는 것은 심판대에서 자비를 얻는 것입니다. 저는 심판 이후의 판결이 얼마나 무서운지, 우리에게 주시는 구원이 얼마나 값진 것인지를 감옥에서 깨달았습니다. 이제부터 우리는 십자가를 생각할 때 주님이 당하신 고난과 수고와 희생뿐만 아니라 주님이 우리의 죄 때문에 심판까지 받으셨다는 데서 출발해야 합니다. 예수님이 심판을 받으시고 심판에 대한 처형인 십자가의 죽음과 그 결과 부활까지, 십자가는 이것을 다 포함하는 것입니다.

예수를 믿는 자들은 백보좌 심판대에서 심판을 받지 않습니다. 왜 심판을 받지 않습니까?

> 내가 진실로 진실로 너희에게 이르노니 내 말을 듣고 또 나 보내신 이를 믿는 자는 영생을 얻었고 심판에 이르지 아니하나니 사망에서 생명으로 옮겼느니라 요 5:24

이미 예수님이 우리를 위해 대신 심판을 받으셨기 때문에 우리는 심판을 받을 필요가 없는 것입니다. 우리는 죄인이었지만 예수님을 믿어서 이제는 심판을 받지 않으니까 천국에 갈 수 있습니다. 사망에서 생명으로 옮겨진 자입니다.

> 이 첫째 부활에 참여하는 자들은 복이 있고 거룩하도다 둘째 사망이 그들을 다스리는 권세가 없고 도리어 그들이 하나님과 그리스도의 제사장이 되어 천 년 동안 그리스도와 더불어 왕 노릇 하리라 계 20:6

첫째 부활에 참여하는 자들에게 복이 있다고 말합니다. 둘째 사망이 그들을 다스리는 권세가 없습니다. 둘째 사망의 해를 받지 않습니다. 심판을 받지 않는다는 말입니다.

> [11]또 내가 크고 흰 보좌와 그 위에 앉으신 이를 보니 땅과 하늘이 그 앞에서 피하여 간 데 없더라 [12]또 내가 보니 죽은 자들이 큰 자나 작은 자나 그 보좌 앞에 서 있는데 책들이 펴 있고 또 다른 책이 펴졌으니 곧 생명책이라 죽은 자들이 자기 행위를 따라 책들에 기록된 대로 심판을 받으니 [13]바다가 그 가운데에서 죽은 자들을 내주고 또 사망과 음부도 그 가운데에서 죽은 자들을 내주매 각 사람이 자기의 행위대로 심판을 받고 [14]사망과 음부도 불못에 던

져지니 이것은 둘째 사망 곧 불못이라 [15]누구든지 생명책에 기록되지 못한 자는 불못에 던져지더라 계 20:11-15

그러나 믿지 않는 사람들은 백보좌 심판대에 올라 자기의 행위가 기록된 대로 심판을 받고 불과 유황으로 타는 못에 던져집니다. 하지만 우리는 아들을 믿고 그 아들로 인하여서 영생을 얻었고 심판에 이르지 아니합니다. 우리가 심판을 받지 않는 것이 아니라 주님이 나 대신에 심판을 받으셨습니다. 심판을 받은 가장 큰 증거가 십자가 사건입니다.

내 안에 성령으로 오신 예수

우리에게는 십자가 사건이 중요하고 부활이라는 사건 역시 너무너무 중요합니다. 우리가 예수 그리스도의 부활 사건을 믿으면 우리는 이 땅에서 사는 동안 이렇게 선포할 수 있습니다. "하나님의 나라가 이미 나에게 임했고, 나의 모든 죄가 다 용서함을 받았고, 나는 하나님의 놀라운 자녀가 되었습니다"라고 말입니다.

우리는 하나님의 자녀가 되는 과정에 있는 것이 아닙니다. 우리는 죄인에서 의인이 되는 과정에 있는 것이 아닙니다. 우리는 이미 하나님의 자녀가 되었고, 우리는 이미 의인이 된 상태입니다. 그러면 지금 우리의 모습은 왜 이러냐고 하실 분들이 있을 텐데, 우리는 성화되어 가고 있는 중입니다. 그러나 우리는 이미 하나님의 자녀입니다. 이것이 바로 십자가 사건의 위대함을 말해줍니다.

예수님이 십자가에 달려 죽으시고 부활하셔서 성결의 영으로, 그리스도의 영으로 우리에게 들어오시면 우리는 예수님이 그리스도시라는 사실을 알고 믿을 수 있습니다. 그리스도의 영이 우리 안에 들어와 있으면 나는 그리스도의 사람이고, 하나님을 아빠 아버지라고 부를 수 있는 하나님의 자녀이고, 하나님의 소유된 백성이며, 그리스도의 신부입니다. 우리가 다 주님의 것입니다. 십자가의 사건은 풀면 풀수록 엄청난 하나님의 능력이며 지혜가 담겨 있다는 것을 알게 됩니다. 예수님은 십자가에 달려 죽으시고 부활하시고 그리스도가 되셔서 죄 사함을 주셨습니다. 그리스도의 영으로 우리에게 들어오시기 위하여 그렇게 하셨습니다. 우리의 죄 때문에 심판을 받으셔서 십자가에 죽으시고 부활하셨습니다.

우리가 왜 이런 일들을 알아야 합니까? 알면 믿을 수가 있습니다. 알면 확신이 듭니다. 이 마음의 확신을 붙잡고 기도할 때 놀라운 능력이 나타납니다. 우리 안에 예수님이 계십니다. 성결의 영으로, 그리스도의 영으로, 성령으로 계신 것을 믿으시기 바랍니다.

12

자기 사랑을 확증하신 십자가

하나님께서 우주 만물을 창조하신 것도 위대하지만, 십자가 사건을 통하여 우리를 죄악 가운데서 구원하신 사건이 얼마나 놀라운지 모릅니다. 요한복음 12장에서는 십자가의 때가 가까이 온 것을 아신 예수님이 마지막 날과 이 세상에 대한 심판에 대해 말씀하십니다. 십자가 사건으로 인하여 이 땅에 심판이 임한다고 말씀하고 계신 것입니다.

> 31 이제 이 세상에 대한 심판이 이르렀으니 이 세상의 임금이 쫓겨나리라 32 내가 땅에서 들리면 모든 사람을 내게로 이끌겠노라 하시

니 ³³이렇게 말씀하심은 자기가 어떠한 죽음으로 죽을 것을 보이심이러라 요 12:31-33

결국 예수님의 죽으심, 십자가 사건이 죄에 대한 심판이요 세상에 대한 심판이며, 세상의 임금 곧 마귀에 대한 심판이라는 것입니다.

자아는 죽지 않는다 = 사람은 안 변한다

이 세상의 임금이 쫓겨난다는 것은 이 세상 나라가 없어지고 주님의 나라가 임하는 것으로, 좀 더 정확히 이해한다면 나를 주장하던 마귀가 없어지는 것, 나의 주인이던 내가 없어지는 것입니다. 우리는 흔히 마귀가 무섭고 지긋지긋한 존재라고 생각하는데 엄밀히 말해서 마귀보다 더 지긋지긋한 것이 내 자아, 나의 혼입니다. 마귀가 엄청나게 강한 것 같고 우리를 어떻게 할만큼 능력이 있는 것 같아도 마귀는 우리의 영보다 못합니다. 진짜 무서운 것은 나 자신입니다.

여러분, 십계명 중 둘째 계명에 보면 "너를 위하여 새긴 우상을 만들지 말고 그것들에게 절하지 말고 그것들을 섬기지 말라"라고 했습니다. "너희가 사탄을 우상숭배하지 말라"라고 한 것이 아니라 '너를 위하여', 자아를 위하여 우상을 만들지 말고, 절하지도 말고, 섬기지도 말라고 한 것입니다. 그러니까 하나님 앞에 나의 자아가 엄청난 문제라는 것입니다. 어느 정도로 문제인가 하면 자기 자신을 신적인 존재로 높입니다. 좀 더 구체적으로 말하면 하나님도 내 밑에 두려고 하고, 하나님을 내 마음대로 좌지우지하려고 하는 것이 바로 우리의 자아입니다.

그래도 마귀는 예수님을 향해 "지극히 높으신 하나님의 아들 예수여 당신이 나와 무슨 상관이 있나이까? 나를 괴롭게 하지 마옵소서" 이렇게 이야기합니다. 그런데 우리는 예수님을 이용하고 자신의 종 삼으려고 합니다. 그것이 우리의 모습입니다. 우리에게 이 십자가 사건이 없었다면 우리의 자아는 끝까지 살아 있을 것입니다.

여러분, 옛 속담에 "세 살 버릇 여든까지 간다"라는 말이 있습니다. 이 말인즉 자아는 죽지 않는다는 말입니다. 죽을 때까지 안 변한다는 것이죠. 정말 무섭고 끔찍한 일입니다. 반면에 사람이 변할 수 있다면 그것만큼 희망적인 일이 없을 것입니다. 나에게 생명이 있으면 나는 변할 수 있습니다.

구원받을 수 있는 기간

하나님께서 영광 위의 영광을 받으시고, 하나님의 거룩함을 나타내시는 결정체이자 이 일로 인하여 마귀가 쫓겨나고, 하나님의 은혜와 능력이 우리에게 임하게 되는 사건이 바로 십자가의 사건입니다.

³⁵ 예수께서 이르시되 아직 잠시 동안 빛이 너희 중에 있으니 빛이 있을 동안에 다녀 어둠에 붙잡히지 않게 하라 어둠에 다니는 자는 그 가는 곳을 알지 못하느니라 ³⁶ 너희에게 아직 빛이 있을 동안에 빛을 믿으라 그리하면 빛의 아들이 되리라 예수께서 이 말씀을 하시고 그들을 떠나가서 숨으시니라 요 12:35,36

저는 "아직 빛이 있을 동안에 빛을 믿으라"라는 이 말씀이 참 무서운 말씀이라고 생각합니다. "빛이 있을 때에 주님을 믿으라", 기회가 있을 때에 그 기회를 잡으라는 것입니다. 예수님이 이 땅에 계실 때에는 예수님을 믿을 수 있는 기회가 있었습니다. 그 기회가 있었기 때문에 예수님을 믿고 따른 제자들이 있는 것입니다. 예수님이 돌아가시고 부활하실 때 누가 있었습니까? 막달라 마리아를 비롯해서 또 다른 마리아와 살로메와 같은 여성 제자들이 있었는데, 그들 역시 예수님이 계시는 동안 예수님을 믿었습니다.

그런데 마지막 때에는 믿을 때가 정해져 있습니다. 그것이 '빛이 있는 동안'입니다. 예수님이 재림하시고 우리가 공중으로 들려 올라가기 전까지, 성령이 계셔서 역사하시는 동안에는 우리가 예수님을 믿을 수 있습니다. 그러나 우리가 예수를 믿고 싶어도 믿을 수 없는 시기가 옵니다. 성령이 우리에게서 떠나가실 때가 옵니다. 하나님은 하나님을 믿고 구원받을 수 있는 기간을 따로 정해두셨습니다. 그렇지 않은 상태에서는 우리가 믿고 구원을 받을 수가 없습니다.

아무리 십자가의 사건이 정확하고 분명한 역사적 사실이라 할지라도 그 십자가 사건을 내가 믿을 수 있는 것이 아닙니다. 성령님이 내 안에서 믿게 하시기 때문에 가능한 것입니다. 그렇지 않고 '내가 하나님을 믿었다', '내가 십자가를 믿고 구원받았다'고 하면 그것은 '나의 의'를 자랑하는 것이 됩니다.

영은 영으로 살린다

성령이 계셔야 우리가 이 놀라운 십자가의 사건을 깨닫고, 그 충만함을 통하여 하나님의 사랑이 우리 가운데 흘러옵니다. 성령이 없이는 절대로 하나님의 사랑과 능력이 우리 안에 부은 바 될 수 없습니다. 이것을 믿으시기 바랍니다. 이만큼 성령의 역사하심이 중요한데, 오늘날 교회에서는 이 성령의 역사에 대해 무지하고 이론적인 성령과 이론적인 십자가, 교리로 이해하고 끝내버리는 일들이 많습니다.

그러나 여러분, 육을 터치하면 육에만 전달될 뿐입니다. 자기 살을 한 번 꼬집어보십시오. 어디가 아픕니까? 육이 아픕니다. 육까지 전해지는 것이지요. 그러면 말은 어디까지 전해질까요? 말은 우리의 마음과 정신까지 전달됩니다. 말은 우리의 혼에 영향력을 미칩니다. 그러니까 영에는 영향을 주지 못합니다. 그렇다면 영에 전달되려면 어떻게 해야 합니까? 말과 성령님이 함께하셔야만 그 메시지가 영에 전달되어 우리의 영을 살리는 것입니다.

제가 몇 시간 동안 아무리 말씀을 전해도 제 안에 성령의 흐름이 나타나지 않는다면 그것은 지적인 메시지밖에 되지 않습니다. 그런데 말씀을 전할 때 성령께서 영적인 메시지로 그 사람의 영혼을 만지시면 영이 살아 움직이고 그럴 때 제 안에서 성령이 주시는 기쁨과 만족과 뿌듯함이 올라오는 것을 느낍니다. 하나님의 성령 외에 아무도 이 십자가의 사건을 믿게 할 수가 없습니다. 왜냐하면 십자가는 하나님의 완벽한 지혜이기 때문입니다. 하나님의 지혜는 하나님의 영 외에 알 수가 없습니다. 이 십자가를 통하여 죄가 없어지고, 이 십자가를 통하여 세상의 왕이 쫓겨나갑니다.

> 7 그러나 내가 너희에게 실상을 말하노니 내가 떠나가는 것이 너희에게 유익이라 내가 떠나가지 아니하면 보혜사가 너희에게로 오시지 아니할 것이요 가면 내가 그를 너희에게로 보내리니 8 그가 와서 죄에 대하여, 의에 대하여, 심판에 대하여 세상을 책망하시리라 9 죄에 대하여라 함은 그들이 나를 믿지 아니함이요 10 의에 대하여라 함은 내가 아버지께로 가니 너희가 다시 나를 보지 못함이요 11 심판에 대하여라 함은 이 세상 임금이 심판을 받았음이라 요 16:7-11

여러분, 십자가 사건 이후 예수님이 떠나시고, 떠나가신 다음 우리에게 보혜사 성령을 보내주십니다. 그 성령께서 죄에 대하여, 의에 대하여, 심판에 대하여 세상을 책망하실 것인데, 심판에 대하여라고 한 것은 이 세상 임금이 이미 심판을 받았기 때문이라고 합니다. 그러니까 십자가의 사건은 성령강림 사건과 떼려야 뗄 수 없는 사건인 셈입니다.

사랑의 기름부음

여러분, 사랑은 흐르는 것입니다. 멈춰 있다면 그것은 사랑이 아닙니다. 사랑은 운행합니다. 제가 제 딸을 사랑한다는 것은 제 안에 있는 사랑이 딸에게 전달되고 딸에게 있는 사랑 역시 저에게 전달되어 비로소 서로 사랑이 된다는 말입니다. 이 사랑을 다른 말로 하면 '축복'입니다. 하나님이 우리를 사랑하신다는 말은 우리를 축복하신다는 말과 같은 말입니다.

목사님이 예배를 마치면서 마지막으로 축도하실 때 "주 예수 그리스도의 은혜와 하나님의 무한하신 사랑과 성령님의 감화 감동 교통 충만 역사하심이 성도님 한 분 한 분 위에 임하기를 간절히 축원합니다"라고 하십니다. 이 말은 지금 이 자리에 주 예수 그리스도의 은혜와 하나님의 사랑이 흐르기를 원한다는 것입니다. 그러면 하나님의 사랑을 우리에게 직접적으로 전달해주고 가장 분명하게 느낄 수 있게 해주신 분이 누구십니까? 예수님입니다. 예수님이 전해주신 가장 귀한 사랑이 십자가이고, 우리는 그 십자가의 사랑을 무조건적으로 값없이 받았기 때문에 예수 그리스도의 은혜를 받았다고 표현하는 것입니다. 주님을 통해서 나타난 십자가, 그리스도의 은혜의 원천은 하나님의 무한하신 사랑입니다. 이것이 흘러가도록 역사하시는 분이 성령님이신데, 바로 십자가를 통하여 그렇게 하십니다. 그러니까 우리가 십자가를 정확히 알면 알수록 하나님의 사랑과 그리스도의 은혜가 성령의 역사를 통해 아주 분명하고 구체적으로 우리 안에 임할 수 있고, 그렇게 될 때 우리 가운데 역사가 일어나는 것입니다.

하나님의 사랑이 예수 그리스도의 은혜로 흘러내리는 것을 'anointing', 기름부으심이라고 합니다. 우리가 흔히 "하나님, 기름부어주세요"라고 기도하면서 기름부음이 마치 하나님의 능력을 받는 것이라고 생각하기 쉽습니다. 그러나 이제부터 기름부음을 받는다는 것은 예수 그리스도의 십자가, 거기에 나타난 사랑, 그 사랑의 능력이 내게 임한다고 생각하시기 바랍니다. 그것이 오리지널 사랑이고, 사랑의 기름부음입니다. 이 십자가의 사랑만 분명히 이루어지면 반드시 능력이 나타납니다.

십자가의 무한한 사랑과 능력

사람이 얼마나 무서운 존재이자 무한한 능력을 가지고 있는지 아십니까? 사람의 마음을 고양시키면 어떠한 잠재력도 개발시킬 수 있다고 하는 종교를 통한 마인드 컨트롤, 하나님처럼 되고자 하는 다양한 시도들이 얼마나 많은지 모릅니다. 그러나 거기에 무엇이 있는지를 보시기 바랍니다. 거기서 십자가의 무한한 아름다움, 하나님의 무한한 사랑이 흘러나오는지 아닌지를 보면 정확히 알 수 있습니다. 은사를 빙자하여 사역하는 잘못된 사역자를 분별할 수 있는 방법 역시 마찬가지입니다. 아무리 목회자라고 해도 한 사람의 영혼을 불쌍히 여기지 않는 사람, 존중히 여기지 않고 함부로 대하는 사람은 그 영이 잘못되었다고 해도 과언이 아닙니다. 십자가의 사랑이 있는 분이라면 반드시 사람을 존중히 여기고 귀하게 여깁니다. 하나님의 눈으로 바라보기 때문에 불쌍히 여깁니다.

그러면 왜 십자가의 사랑이 나타나는 것이 곧 능력이 될까요? 죄와 세상 임금 마귀가 공통적으로 있는 곳이 어디입니까? 마귀와 죄는 내 안에, 우리 안에 있습니다. 그런데 이 십자가 사건은 예수님이 십자가에 죽으시고 부활하시고 승천하시고, 승천하신 그분이 우리 안에 들어오기를 원하신 사건입니다. 십자가의 능력으로 우리 안에 오셔서 우리의 죄를 사하시고 세상 임금을 쫓아내는 일을 하십니다. 하나님의 선하심과 하나님의 거룩하심과 하나님의 아름다움이 우리에게 액세서리로 있는 것이 아니라 그분 자체로 우리 안에 거하기를 원하신다는 것입니다.

그렇기 때문에 십자가의 능력이 우리 안에 들어올 때 악한 영이 나가는 것입니다. 십자가라는 하나님의 사랑이 내 안에서 용솟음치며 나를 움직이게 만드는 경험을 해보기를 바랍니다. 이제부터 우리는 이렇게 되는 신앙에 도전해야 하고, 교회 역시 이 십자가의 능력과 사랑이 가능한 씨름을 시작해야 합니다.

음부에까지 내려가신 사랑

14 이러므로 내가 하늘과 땅에 있는 각 족속에게 15 이름을 주신 아버지 앞에 무릎을 꿇고 비노니 16 그의 영광의 풍성함을 따라 그의 성령으로 말미암아 너희 속사람을 능력으로 강건하게 하시오며 17 믿음으로 말미암아 그리스도께서 너희 마음에 계시게 하시옵고 너희가 사랑 가운데서 뿌리가 박히고 터가 굳어져서 18 능히 모든 성도와 함께 지식에 넘치는 그리스도의 사랑을 알고 19 그 너비와 길이와 높이와 깊이가 어떠함을 깨달아 하나님의 모든 충만하신 것으로 너희에게 충만하게 하시기를 구하노라 20 우리 가운데서 역사하시는 능력대로 우리가 구하거나 생각하는 모든 것에 더 넘치도록 능히 하실 이에게 21 교회 안에서와 그리스도 예수 안에서 영광이 대대로 영원무궁하기를 원하노라 아멘 엡 3:14-21

우리가 "지식에 넘치는 그리스도의 사랑을 알고 그 너비와 길이와 높이와 깊이가 어떠함을 깨달아 하나님의 모든 충만하신 것으로 너희에게 충만하게 하시기를 구하노라", 이 18,19절을 가리켜 저는 '사차원적 하나님의 사랑'이라고 표현하는데, 그 것이 집약되어 나타난 것이 바로 '십자가'입니다. 십자가를 통해 나타난 하나님의 사랑이 얼마나 넓은지, 그 하나님의 사랑이 얼마나 긴지, 그 하나님의 사랑이 얼마나 높은지, 그 하나님의 사랑이 얼마나 깊은지 알면 하나님의 마음을 알게 되고 우리 가운데 엄청난 능력이 나타납니다.

그중에 하나님의 사랑의 깊이가 무엇일까요? 깊이란 속까지 바닥까지 아래로 들어가는 것인데, 우리 하나님의 사랑이 얼마나 깊이 들어갔는지 아십니까? 예수님이 우리가 지은 죄 때문에 심판을 받으시고, 우리를 위하여 십자가형을 받으시고 죽으셔서 우리 때문에 어디까지 내려가셔야 했느냐 하면 음부까지 내려가셨다는 것입니다. 우리는 죄를 지었기 때문에 우리의 죄 때문에 심판을 받아야 마땅하고, 죽임을 당해야 마땅하고, 죽은 다음 음부까지 내려가 거기에 영원히 있는 것이 마땅하지만, 주님이 그 대가를 지불하시기 위해 우리 대신 음부에까지 내려가셨다는 것입니다.

좀 더 구체적으로 말하면, 이 십자가의 사랑은 우리 안에 있는 악한 죄와 우리 안에 있는 더러운 귀신들까지 파쇄하기 위하여 그리스도의 영으로 우리의 영혼 깊은 곳까지 들어간다는 것입니다. 이것을 가리켜 하나님의 사랑이 우리에게 기름부은 바 되었다고 말합니다.

> ⁵소망이 우리를 부끄럽게 하지 아니함은 우리에게 주신 성령으로 말미암아 하나님의 사랑이 우리 마음에 부은 바 됨이니 ⁶우리가 아직 연약할 때에 기약대로 그리스도께서 경건하지 않은 자를 위하여 죽으셨도다 ⁷의인을 위하여 죽는 자가 쉽지 않고 선인을 위하여 용감히 죽는 자가 혹 있거니와 ⁸우리가 아직 죄인 되었을 때에 그리스도께서 우리를 위하여 죽으심으로 하나님께서 우리에 대한 자기의 사랑을 확증하셨느니라 롬 5:5-8

5절에 성령으로 말미암은 하나님의 사랑이 곧 십자가입니다. 그 십자가를 통한 그리스도의 놀라운 사랑이 우리 마음에 부은 바 되었는데, 그것은 성령으로 말미암아 되었고, 우리가 아직 죄인인 상태에서 우리를 위하여 그리스도께서 죽으셨다는 것이 우리를 향한 하나님의 사랑의 확증이라고 말씀합니다. 이 얼마나 깊은 하나님의 사랑입니까? 십자가를 통해 확증된 하나님의 사랑을 경험하시기 바랍니다.

13

십자가 사랑의 기름부으심

혹시 기도해서 귀신을 쫓아내신 분이 계십니까? 기도해서 병을 낫게 하신 분이 계십니까? 중풍병자를 위해 기도했는데 나은 분이 계신가요? 기도로 허리 디스크나 간암이나 위암이 낫는 경험을 해본 분은 없으십니까? 없다면 혹시 그런 경험을 해보고 싶지 않으신가요? 신유의 은사가 아니더라도 하나님의 사랑으로 이런 역사가 일어날 수 있다면 여러분, 믿으시겠습니까?

하나님의 사랑이 기름부은 바 될 때 비로소 가능한 일
저는 저의 자녀가 아플 때 손을 잡거나 머리에 손을 얹고 기도

하면 자고 일어났을 때 거의 다 낫는 경험을 많이 했습니다. 그런데 희한하게 자녀에게 기도할 때는 낫는데, 아내를 위해 기도할 때는 잘 낫지 않는 것을 보면서 자식에게 흘러가는 사랑과 아내에게 주는 사랑이 조금은 다른 차원의 사랑이라는 생각을 해보았습니다. 아무래도 부모가 자식에게 갖는 사랑은 무조건적인데 반해, 남편과 아내의 사랑은 서로 조건적인 부분이 있습니다. 자녀에 대한 사랑은 서로 동등할 수 없고 항상 자녀에게 많이 기웁니다. 그래서 사랑의 기름부음이 더 잘 흐르는 모양입니다.

그렇다면 자녀도 아내도 형제도 아닌 생면부지 남에게 사랑이 흘러가는 것이 쉬울까요? 쉽지 않을 것입니다. 그렇지만 우리 안에 하나님의 사랑이 기름부은 바 되고 우리가 그것을 믿기만 하면, 그 사랑이 흘러가 치료가 일어납니다. 믿어지십니까?

제가 중국에서 사역할 때 환자들이 많이 찾아왔습니다. 그런데 그중에 사람이 아닌 사람이 온 적이 있었습니다. 사람들이 수레에 사람을 실어왔는데 흡사 저는 진짜 짐승인 줄 알았습니다. 몸을 가누지 못할 만한 덩치로 누운 채 실려온 그는 젊은 나이에 쓰러진 중풍병자였습니다. 몸을 가눌 수 없는 상태로 누워 지내며 계속 먹고 그 자리에서 변을 보니 그를 돌보며 똥을 치우다가 어머니는 팔이 빠지고 아버지도 몸을 다쳐서 그를 전혀 씻기지 못해 냄새가 엄청났습니다.

그런 그에게 가까이 다가가기만 하는데도 제 안에 하나님의 사랑이 필요했습니다. 그 영혼이 불쌍히 보여야 하는데 제가 어떻게 할 수 있습니까? 하나님의 사랑이 내 마음속에 있어야만 그렇게 보이는 것입니다. 저는 하나님의 손길이 그에게 가고, 하나님의 마음이 그에게 가는 거라고 생각하고 그에게 다가갔고, 급기야 그를 부둥켜안고 기도하게 되었습니다. 그러면 언제까지 기도합니까? 그가 나을 때까지, 그에게 차도가 있을 때까지 기도해야 그것이 회복의 시작이 됩니다. 최소한의 변화가 있기 전에는 기도를 멈출 수 없습니다. 그러니까 30분, 1시간, 2시간, 어떨 때는 3시간도 기도하고 5시간도 기도하게 됩니다. 지금 생각해도 어떻게 그 일이 가능했는지, 내가 돌았었나 싶지만 제가 한 것이 아닙니다. 오직 하나님의 사랑으로만 가능한 일입니다.

하나님의 사랑이 하신다!

한번은 나뭇가지가 비틀리고 꼬인 것처럼 뼈가 굽고 뒤틀린 아이가 저에게 나왔습니다. 뒤틀린 뼈가 눌리면 너무나 고통스럽기 때문에 평평한 바닥에는 아예 눕히지도 못한다는 아이는 입을 다물지도 못한 채 계속해서 신음소리를 냈습니다. 엄마가 계속 조심히 안아야만 그나마 쉴 수 있고 잠을 청할 수 있을 정도의 상태였습니다. 키가 작아 예닐곱쯤 되었을까 생각했는데 나이가 열여섯 살이라고 해서 깜짝 놀랐습니다. 씨 뿌리는 비유 중에 더러는 그 씨가 가시떨기 위에 떨어져 가시가 자라 기운을 막았다고 하더니, 이 아이에게 정말 딱 맞는 비유였습니다.

"아아아아아아" 아이는 계속해서 소리를 질렀습니다. 보통 이런 경우 귀신이 잡고 있기 때문에 기도를 하자마자 그 속에 악한 영들이 저를 강하게 공격하기 시작했습니다. 영적인 공격으로 몸이 힘들었지만 저는 정신을 차리고 예수 이름으로 계속 기도했습니다. 공격이 심할 때 귀신 들린 자의 혀를 잡으면 귀신이 역사하지 못할 때가 있습니다. 그래서 제가 아이의 입으로 손가락을 넣었는데 그때 아이가 제 손가락을 꽉 물어서 정말 비명이 터져나왔습니다. 아무리 귀신 들린 자라 해도 제가 주의 종이기 때문에 귀신이 저를 터치하지 못해요. 그렇기 때문에 담대히 손가락을 넣은 것인데, 이것은 손가락을 무는 정도가 아니라 제 손가락을 끊으려 한다는 것이 느껴졌습니다.

'하나님, 이거 뭡니까? 그래도 제가 주님의 종인데 귀신이 달려들어 저를 물고 안 놓네요.' 저는 순간적으로 너무 기가 막혔습니다. 또 얼마나 아프고 창피했는지 모릅니다. 손가락을 겨우 빼내고 나서 그때부터 입을 막은 채로 기도를 하는데, 6시간을 붙잡고 기도했습니다. 그렇게 기도했을 때 등뼈가 펴지고 굽은 손가락이 다 쫙 펴졌습니다. 오후 2시에 기도를 시작해서 다른 지역으로 이동하기 위해 저녁 8시에 기차를 타기 전까지 그 아이를 붙잡고 기도한 것입니다. 저도 시간이 그렇게 가는지도 모르고 기도한 것 같습니다.

기도를 마치고 제가 그 자리를 떠날 때 아이의 얼굴에 옅은 미소가 번지는 것을 보았습니다. 제가 떠나고 얼마 후 그 교회에 비상이 걸렸다고 합니다. 아이를 위해 집중적으로 기도했을 때 회복되는 것을 보았기 때문에 교회에서 합심하여 기도했고 넉 달 후에 아이가 엄마의 손을 잡고 걸었다고 합니다. 하나님의 사랑이 그렇게 하신다는 것입니다.

예수의 생명이 나타나는 사랑

여러분, 우리에게 하나님의 사랑이 가득하고 십자가의 사랑으로 기도하면 상대방의 영혼의 상태가 보입니다. 영 분별은 다른 것이 아닙니다. 아버지의 사랑으로 기도할 때 아버지의 눈으로 그 사람의 영혼과 마음의 상태가 보이기 시작하는 것입니다. 자녀를 둔 부모라면 자녀의 얼굴만 봐도 자녀에게 무엇이 필요한지 알죠. 어린 아기가 우는 소리만 들어도 오줌을 쌌는지, 기저귀를 갈아야 하는지, 배가 고픈지, 추운지, 더운지 아는 것처럼 우리가 하나님의 사랑으로 기도하면 치료의 역사가 일어납니다.

그가 찔림은 우리의 허물 때문이요 그가 상함은 우리의 죄악 때

문이라 그가 징계를 받으므로 우리는 평화를 누리고 그가 채찍에 맞으므로 우리는 나음을 받았도다 사 53:5

모든 능력이 십자가의 사랑 가운데 자연스럽게 나타나는 하나님의 은혜이자 현상입니다. 우리가 하나님의 사랑의 깊이를 알 때 다음과 같은 하나님의 사랑의 능력을 경험하게 됩니다.

그런즉 사망은 우리 안에서 역사하고 생명은 너희 안에서 역사하느니라 고후 4:12

예를 들면 어느 자매 안에 있는 아픔을 위해 주의 사랑으로 기도할 때 예수님이 그 자매의 아픔과 고통을 담당하시고 죽으셨기 때문에 그 자매가 나음을 입는 것과 같은 역사가 우리의 기도를 통해서도 일어난다는 것입니다. 그러니까 그 사람 안에 있는 사망이 내 안에서 역사하고, 내 안에 있는 하나님의 생명의 역사가 그 사람에게 흘러가서 나타나는 것입니다. 이 십자가의 도의 단계에 깊이 들어가면 들어갈수록 우리의 삶에는 희생과 사랑이 요구됩니다. 또 사람들이 보기에 손해 보는 것 같습니다. 그러나 그럴수록 하나님의 사랑의 능력의 역사가 강력히 나타난다는 것입니다.

7 우리가 이 보배를 질그릇에 가졌으니 이는 심히 큰 능력은 하나님께 있고 우리에게 있지 아니함을 알게 하려 함이라 8 우리가 사방으로 욱여쌈을 당하여도 싸이지 아니하며 답답한 일을 당하여도 낙심하지 아니하며 9 박해를 받아도 버린 바 되지 아니하며 거꾸러뜨림을 당하여도 망하지 아니하고 10 우리가 항상 예수의 죽음을 몸에 짊어짐은 예수의 생명이 또한 우리 몸에 나타나게 하려 함이라 11 우리 살아 있는 자가 항상 예수를 위하여 죽음에 넘겨짐은 예수의 생명이 또한 우리 죽을 육체에 나타나게 하려 함이라 12 그런즉 사망은 우리 안에서 역사하고 생명은 너희 안에서 역사하느니라 13 기록된 바 내가 믿었으므로 말하였다 한 것 같이 우리가 같은 믿음의 마음을 가졌으니 우리도 믿었으므로 또한 말하노라 14 주 예수를 다시 살리신 이가 예수와 함께 우리도 다시 살리사 너희와 함께 그 앞에 서게 하실 줄을 아노라 15 이는 모든 것이 너희를 위함이니 많은 사람의 감사로 말미암아 은혜가 더하여 넘쳐서 하나님께 영광을 돌리게 하려 함이라 고후 4:7-15

10절에 "우리가 항상 예수의 죽음을 몸에 짊어짐은 예수의 생명이 또한 우리 몸에 나타나게 하려 함이라", 그러니까 우리가 십자가를 짊어질 때, 십자가의 사랑이 우리 안에 있을 때 능력이 나타난다는 말씀입니다. "하나님, 제가 이 사람을 위해서 대신 죽겠습니다. 이 형제의 아픔과 고통을 제가 대신 짊어지고 죽겠습니다" 그렇게 할 때 예수의 생명이 나타난다는 것입니다. 우리도 그렇게 되기를 간절히 바랍니다.

11절에 "우리 살아 있는 자가 항상 예수를 위하여 죽음에 넘겨짐은 예수의 생명이 또한 우리 죽을 육체에 나타나게 하려 함이라", 그러면 우리가 죽는 것이 목적입니까? 예수의 생명이 나타나는 것이 목적입니까? 그렇습니다. 우리는 예수의 생명이 나타나도록 우리가 죽는 존재이고, 그러기 위해서는 십자가의 사랑이 있어야 합니다. 여러분, 이 말씀에 "아멘" 하시기 바랍니다.

십자가 사역의 원리

우리가 이 땅을 살리고 우리 교회가 이 땅을 살리려면 이 땅의 모든 죄악과 아픔을 짊어지고 죽어야 합니다. 그럴 때 그 안에서 예수의 생명이 역사하게 됩니다. 교회 안에서 생명이 살아 일어나는 회복의 역사를 보기 원한다면 목회자와 장로님과 권사님이 우리 교회의 아픔과 성도님의 고통을 짊어지려고 애써야 합니다.

"그런즉 사망은 우리 안에서 역사하고 생명은 너희 안에서 역사하느니라." 결국 이 원리 없이 나타나는 신유와 이적과 기적의 역사는 다 가짜입니다. '사망은 내 안에서 역사하고 생명은 네 안에서 역사한다'는 이 말씀의 원리가 분명히 이루어지는 것만이 십자가의 역사이며 하나님의 사랑의 역사입니다. "하나님, 저 사람의 고통을, 저 가정의 아픔을 제게 주십시오. 제가 짊어지겠습니다"라고 기도할 때 그 사람과 가정이 예수의 생명으로 다시 일어설 것입니다.

그러면 내가 그 고통과 아픔을 대신 짊어질 때 정말 힘들겠지요. 그러나 그 고통을 당하고만 있는 것이 아니라 저도 살 수 있는 방법이 있습니다. 제가 그 고통과 함께 죽는 것입니다. 그러면 하나님께서 다시 살리십니다. 다시 살아나서 또다시 하나님의 사역을 감당하게 하십니다. 그런데 이것은 결코 쉬운 일이 아닙니다. 강력한 중보가 필요합니다. 하나님의 거룩한 무리가 있어야 하고, 혼자서는 절대 할 수 없는 일이라는 것을 깨닫습니다. 킹덤 얼라이언스(Kingdom Alliance), 반드시 하나님의 나라를 위한 하나님의 자녀들의 연합 사역이 일어나야 합니다.

정형외과에서는 뼈를 맞추거나 교정합니다. 그런데 신경외과에서 하는 뇌 수술의 경우 미세한 현미경뿐 아니라 내시경을 통해서 정밀한 수술로 종양을 제거하죠. 이제 우리도 아주 세밀하게, 날카로운 검을 들고 더 정확한 영적 타격을 해야 합니다. 좌우에 날선 검으로 악한 영들을 잡아내어 악한 영들을 도려내고 그 안에 있는 쓴 뿌리들을 제거해 나가야 합니다.

십자가는 하나님의 사랑을 흐르게 하고, 십자가는 하나님의 능력을 실행하게 합니다. 십자가의 사랑은 우리의 영혼을 깊이

파고 들어가서 그 사람의 쓴 뿌리와 아픈 경험과 그 사람이 받은 상처를 알게 하기 때문에 그 사람을 위해서 대신 울어줄 수가 있습니다. 이 십자가의 사랑으로 영이 터치되면 그 사람에게 회복이 일어날 수 있습니다.

하나님의 사랑이 흐르면 진정한 상담이 되고, 하나님의 사랑이 흐르면 그 사람의 아픔이 진단되면서 저 역시 동일한 아픔을 느끼게 됩니다. 제가 동일하게 아픈 곳을 붙잡고 하나님께 치료를 요청하고 기도할 때 아픈 사람의 병이 낫는 역사가 일어납니다. 하나님의 사랑으로 그 사람을 읽어낼 수 있고, 성령으로 교통이 되기 때문에 저도 그 고통을 느끼게 되는 것입니다.

사역자가 반드시 특별한 것은 아닙니다. 십자가의 사랑으로 놀라운 능력이 흘러가기만 하면 그대로 역사가 일어납니다. 내 남편이 아무리 강하다고 해도 그리스도의 사랑이 강하게 흘러서 아내가 그 남편을 붙잡고 "당신, 이런 생각하고 있지? 당신이 지금 이렇게 아프구나! 하나님께서 당신을 이렇게 이렇게 사랑하기 원하셔! 여보, 내가 당신을 위해서 대신 이렇게 기도해줄게" 하고 울며 기도하면 남편은 어느새 풀어지게 되어 있습니다.

그 사랑에 올인하라

저도 나의 계획과 나의 생각을 일찌감치 포기했습니다. 나 혼자서 나의 삶을 즐기려고 했던 것을 이미 다 포기했습니다. 그리고 언제나 하나님과 함께하겠다는 마음으로, 십자가에서 나를 구속하신 그 사랑에 올인해버리기로 했습니다. 여러분은 어떠십니까? 생각해보니 제가 전도사 시절에 참 뺀질뺀질했던 것 같습니다. 생각을 너무 많이 했습니다. '어떻게 하면 안전하게, 올인하지는 않으면서, 재미있게 즐기면서, 잘하는 척 돈도 잘 벌고, 공부도 하고, 사역도 잘해서 사람들한테 인정도 받고 칭찬도 받으면서, 내가 누릴 것은 다 누리고 살까?' 이런 생각을 하면서 살았던 것 같습니다. 하나님께서 그런 저를 감옥에 던져 넣으시기 전까지 말입니다.

지금의 제 모습을 볼 때 처참할 때가 있습니다. 그런데 저는 지금 참 행복합니다. 예전에는 돈이 많았지만 지금은 돈이 없습니다. 돈에 대한 필요를 전혀 느끼지 못할 정도로 이상한 삶을 살고 있습니다. 그런데 행복합니다. 제가 도무지 이해할 수 없다고 생각했던 그 삶이 저에게 펼쳐지고 있습니다. 그러나 오직 하나님의 사랑의 통로로, 하나님의 나라를 위한 사역의 일선에서 사용해주심에 감사가 됩니다.

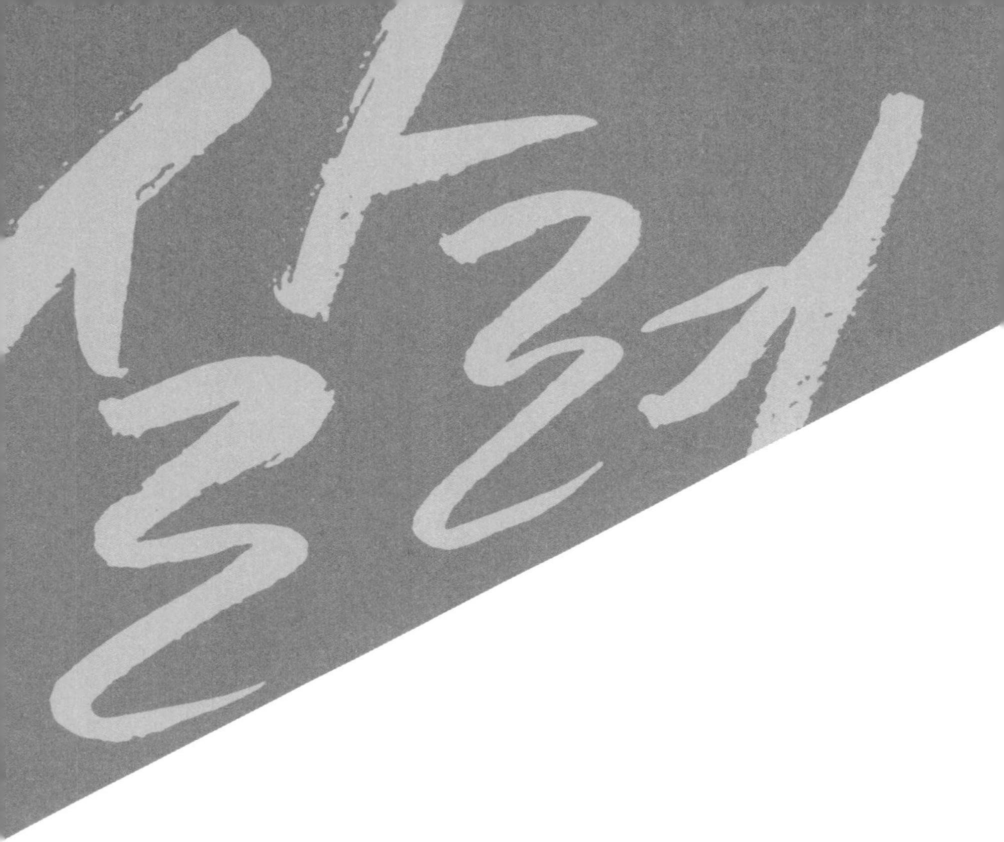

PART **3**

그 십자가에서
나도 죽음

14

어둠에서 빛으로 나오라

나는 곧은 나무보다

굽은 나무가 더 아름답다

곧은 나무의 그림자보다

굽은 나무의 그림자가 더 사랑스럽다

(중략) 곧은 나무는 자기의 그림자가

구부러지는 것을 싫어하나

고통의 무게를 견딜 줄 아는

굽은 나무는 자기의 그림자가

구부러지는 것을 싫어하지 않는다

정호승 시인의 '나무에 대하여'라는 시입니다. 저는 이 시를 보면서 '사람은 과연 어떤 나무일까? 우리는 과연 어떤 존재일까?' 생각해보게 되었습니다.

싯딤나무에서 조각목으로

아마 반듯하게 곱게 태어나 계속해서 반듯하게만 사시는 분들은 별로 없는 것 같습니다. 반듯하게 자랐는데 이상한 남편을 만나 굽어지고, 자식이 속을 썩여서 굽어지고, 갑자기 재정적으로 어려워져서 굽어지고, 질병으로 굽어지고, 졸지에 인생이 막 꼬여서 굽어지는 분들이 정말 많습니다. 시인은 그의 눈에 곧은 나무보다 굽은 나무가 더 아름답다고 표현했지만, 하나님께서는 조금 굽어서 아름다운 정도가 아니라, 아예 굽은 우리의 인생조차 예수 그리스도의 십자가의 능력으로 아주 요긴하게 사용하시리라 믿습니다.

여러분, 이스라엘의 싯딤나무는 광야에서 자라는 구부러지고 비틀린 볼품없는 나무로 땔감으로밖에 쓸 수 없는 나무입니다. 그런데 하나님은 이 나무를 성막의 재료로 사용하라고 하셨습니다. 이 나무를 깎고 다듬고 정교하게 이어 붙여서 조각목으로 만들어 쓰시는 분이 바로 우리 하나님이십니다.

이 싯딤나무는 뒤틀린 가지와 가시로 서로 찌르고 찔려서 상처를 내는 존재, 버림받은 인간과도 같은 모습입니다. 예수님께서 십자가에 달려 돌아가실 때 손과 발에 못이 박혔습니다. 가시 면류관을 쓰셨기 때문에 가시가 머리를 찔렀습니다. 창으로 찔려 옆구리에서 피와 물이 나왔습니다. 예수님이 십자가에서 우리의 이런 존재적 고통을 다 감당해주셨습니다.

인생은 누구에게나 다 그리 쉽지 않습니다. 우리 눈에 아무리 보잘것없어 보이는 인생이라 할지라도 주님은 그 사람의 아픔을 감당하셔서 십자가에 죽으셨습니다. 그를 위해 가시에 찔리고 채찍질 당하시고 손과 발에 못이 박히셨습니다. 따라서 우리는 이렇게 고백해야 합니다. 우리의 인생이 정말 값지고 귀하다고 말입니다.

우리는 이 예수님을 믿어야만 합니다. 예수 말고 우리가 구원받을 수 있는 다른 길은 없습니다. 우리의 모든 것을 짊어지고 죽으신 주님, 우리가 그분을 믿기만 하면 그것은 우리의 모든 것에 효력을 발생하지만, 그분을 믿지 않으면 우리와 아무상관이 없다는 것입니다. 요한복음 3장 16절의 말씀과 같이 십자가의 사건이 우리의 구원과 관계가 없다면 십자가는 우리에게 아무 의미가 없습니다.

하나님이 세상을 이처럼 사랑하사 독생자를 주셨으니 이는 그를 믿는 자마다 멸망하지 않고 영생을 얻게 하려 하심이라 요 3:16

어둠 속의 니고데모

요한복음 3장에 보면 유대인의 지도자인 니고데모가 밤에 예수님을 찾아왔습니다. 니고데모가 밤에 예수님을 찾아온 것을 가리켜 흔히 유대인의 지도자로서 젊은 예수를 찾아가는 것이 부끄러워서 사람들 몰래 밤에 갔다고 해석합니다. 그러나 저는 이 말씀을 니고데모가 아직 빛을 받지 못한 상태, 생명이 없는 상태, 영적 암흑 가운데 있음을 나타낸다고 해석합니다. 그는 바리새인이며 유대인의 지도자입니다. 바리새인이란 성경에 기록된 율법을 전부 외울 정도의 율법주의자라는 말입니다. 그런 그가 어둠 속에 있다는 것입니다.

> [4]그 안에 생명이 있었으니 이 생명은 사람들의 빛이라 [5]빛이 어둠에 비치되 어둠이 깨닫지 못하더라 요 1:4,5

어둠인 니고데모가 빛이신 예수 그리스도 앞에 나왔지만, 그분을 알지 못했습니다. 니고데모가 예수 그리스도를 모르는 밤의 상태라는 말입니다. 그러니까 거듭나야 한다, 물과 성령으로 나지 않으면 하나님의 나라에 들어갈 수 없다는 예수님의 말씀을 전혀 깨닫지 못하고, 다시 태어나다니 어머니 뱃속에 다시 들어갔다가 나오라는 말이냐 하는 엉뚱한 소리를 한 것입니다.

살려내심

바리새인인 니고데모는 생명을 모르고 어둠 가운데, 율법 가운데 있기 때문에 율법의 지배를 받고 있습니다. 그렇기 때문에 그는 이스라엘의 선생이면서도 하나님나라의 진리를 알 수가 없었습니다. 니고데모는 이후 요한복음에 두 번 더 나옵니다. 한 번은 요한복음 19장에 예수님이 십자가에 달려 돌아가실 때 나오고, 그보다 앞서 요한복음 7장에도 나옵니다.

> 37 명절 끝날 곧 큰 날에 예수께서 서서 외쳐 이르시되 누구든지 목마르거든 내게로 와서 마시라 38 나를 믿는 자는 성경에 이름과 같이 그 배에서 생수의 강이 흘러나오리라 하시니 39 이는 그를 믿는 자들이 받을 성령을 가리켜 말씀하신 것이라 (예수께서 아직 영광을 받지 않으셨으므로 성령이 아직 그들에게 계시지 아니하시더라) 요 7:37-39

38절에 "그 배에서 생수의 강이 흘러나오리라"는 말씀은 예수님이 십자가에 달려 돌아가실 때 비로소 그렇게 된다는 말씀입니다. 왜냐하면 그다음 39절에 예수께서 아직 영광을 받지 않으셨다고 말씀하는데, 주님의 배에서 피와 물이 흘러나올 때, 즉 십자가를 통한 죄 사함과 성령을 흘려보내신다는 말씀과 결부시킬 수 있기 때문입니다.

그런데 이 말씀을 들은 사람들은 예수님이 그리스도라고도

하고 그리스도가 아니라고도 하며 서로 쟁론하였고, 이에 대제사장들과 바리새인들도 예수를 반대하였으나 이때 그전에 예수께 나왔던 니고데모가 예수님에 대한 공정한 발언을 하게 됩니다. 이후로 니고데모는 십자가에 달려 죽으신 예수님의 시신을 가져다가 장사지낼 때 아리마대 요셉을 도와 함께했습니다.

빛을 사랑하게 된 니고데모

> 38 아리마대 사람 요셉은 예수의 제자이나 유대인이 두려워 그것을 숨기더니 이 일 후에 빌라도에게 예수의 시체를 가져가기를 구하매 빌라도가 허락하는지라 이에 가서 예수의 시체를 가져가니라 39 일찍이 예수께 밤에 찾아왔던 니고데모도 몰약과 침향 섞은 것을 백 리트라쯤 가지고 온지라 40 이에 예수의 시체를 가져다가 유대인의 장례 법대로 그 향품과 함께 세마포로 쌌더라 요 19:38-40

그러면 니고데모가 어떻게 이렇게 변화되었을까요? 어둠 가운데 있던 그가 십자가에서 나타나는 생명의 빛이신 예수님을 점점점점 경험하게 되었고 이제는 빛의 사람이 되었습니다. 예수님을 3년이나 따라다닌 제자들조차 십자가의 예수님을 보고 다 떠나갔는데 그는 끝까지 남아 예수의 시신을 거둬 장례를 치르는 멋진 일을 하고 있는 것입니다.

그러면 우리가 이렇게 질문해볼 수 있습니다. 비록 예수님의 제자들이 다 도망쳤지만 도망친 제자들이 예수님과 친했을까요? 니고데모가 예수님과 더 친했을까요? 물으나마나 베드로와 안드레 같은 제자들이 예수님과 더 친했습니다. 그러면 예수님과 친한 베드로와 안드레가 예수님에게 끝까지 붙어 있어야 하는데, 왜 마지막에 니고데모가 남아 있느냐는 것입니다. 그가 십자가의 사랑을 알게 되었기 때문입니다.

여러분, 누가 예수를 잘 믿을까요? 십자가의 사랑을 경험한 사람이 예수를 잘 믿습니다. 교회에서 아무리 충성 봉사를 많이 해도 그에게 십자가의 사랑이 없으면 깡통입니다. 십자가의 사랑을 경험하고 통과하지 않았다면 그는 계속해서 어둠 가운데 있는 것입니다. 우리가 십자가의 사랑을 통과하여 우리 가운데 십자가 사랑의 놀라운 축복이 넘치기를 바랍니다.

구원의 프로세스

율법은 모세로 말미암아 주어진 것이요 은혜와 진리는 예수 그리스도로 말미암아 온 것이라 요 1:17

율법은 모세로부터, 은혜와 진리는 예수 그리스도를 통해 주어졌습니다. 예수님이 십자가에 달려 죽으시고 그리스도가 되셨는데, 율법 아래에 있는 자가 예수 그리스도를 믿으면 은혜와 진리로 들어가지만, 예수 그리스도를 믿지 않으면 율법 아래 그대로 있게 됩니다. 따라서 믿으면 생명의 부활로, 불신이면 심판의 부활로 나타나게 되는 것입니다. 그만큼 믿음과 불신은 하늘과 땅 차이입니다.

> 내가 너희를 아버지께 고발할까 생각하지 말라 너희를 고발하는 이가 있으니 곧 너희가 바라는 자 모세니라 요 5:45

죽은 자들이 하나님의 아들의 음성을 들을 때 다 살아나는데, 율법 아래 있다가 죽은 사람은 모세가 그를 고발하여 율법의 심판을 받게 됩니다. 그러나 예수 그리스도를 믿은 사람은 예수 그리스도께서 증언하여 심판을 받지 않게 해주십니다. 율법 아래서 죽은 사람은 심판을 받아 둘째 사망에 들어가고, 은혜와 진리 안에 있는 사람은 심판을 받지 않으니 둘째 사망에 들어가지 않게 되는 것입니다. 이것이 성경에서 말하는 구원의 프로세스입니다.

> [17]하나님이 그 아들을 세상에 보내신 것은 세상을 심판하려 하심이 아니요 그로 말미암아 세상이 구원을 받게 하려 하심이라 [18]그를 믿는 자는 심판을 받지 아니하는 것이요 믿지 아니하는 자는

하나님의 독생자의 이름을 믿지 아니하므로 벌써 심판을 받은 것이니라 요 3:17,18

예수 그리스도를 믿는 자는 심판을 받지 않습니다. 그러나 믿지 않는 자는 하나님의 독생자의 이름을 믿지 않았기 때문에 벌써 심판을 받았다는 것입니다. 여러분, 감옥에 언제부터 들어가는지 아십니까? "피고 아무개를 징역 00년에 처한다"라고 판결봉 두드리는 소리가 나자마자 그 즉시 잡아서 감옥에 가둡니다. "알겠습니다. 집에 가서 옷 좀 갈아입고 올게요", "잠시 아내를 만나고 난 뒤에 들어가겠습니다" 이런 말이 하나도 안 통합니다. 죄인으로 판결받은 그 자리에서 바로 감옥으로 잡아갑니다. 그러니까 예수를 믿지 않은 사람은 이미 죽음이라는 심판을 받아놓은 것입니다. 이미 사망에 처해 있다는 것입니다. 반면에 예수를 믿은 우리는 심판을 받지 않았으며 지금 우리에게 하나님의 나라가 임한 것입니다.

죽었다가 살았구나!
이것은 제 말이 아닙니다. 말씀 자체를 그대로 믿으시기 바랍니다. 성경을 더 자세히 보시기 바랍니다. 우리가 죽고 나면 바로 천국에 가고 지옥에 가는 것이 아닙니다. 예수 믿은 사람은 죽어 낙원에서 아브라함의 품에 안기고, 예수를 믿지 않은 사람은 음부에 떨어집니다.

> 22이에 그 거지가 죽어 천사들에게 받들려 아브라함의 품에 들어
> 가고 부자도 죽어 장사되매 23그가 음부에서 고통 중에 눈을 들
> 어 멀리 아브라함과 그의 품에 있는 나사로를 보고 눅 16:22,23

영원한 천국과 지옥은 천년왕국이 지나고 백보좌 심판 때 사
망도 지옥도 불못에 던져지니, 그것이 둘째 사망입니다. 그러
나 예수를 믿지 않는 자는 이미 심판을 받았고 심판을 받으면
곧바로 형이 집행되니, 예수를 믿지 않아서 벌써 심판을 받았다
고 하는 이 말씀이 얼마나 무서운 말씀입니까?

> 내가 진실로 진실로 너희에게 이르노니 내 말을 듣고 또 나 보내
> 신 이를 믿는 자는 영생을 얻었고 심판에 이르지 아니하나니 사망
> 에서 생명으로 옮겼느니라 요 5:24

이것이 생명의 말씀입니다. 예수님을 믿는 자는 영생을 얻었
고 심판에 이르지 아니하나니 '사망에서 생명으로' 옮겼습니다!
과거에 우리가 예수를 믿지 않아 이미 사망 가운데 있었는데,
이제 예수를 믿음으로 사망에서 생명으로 옮겨진 상태입니다.
우리는 사망한 존재였습니다. 죽었다가 살아난 상태입니다.

우리는 죽었다가 산 사람입니다. 할렐루야! "죽었다가 살았구나!" 얼마나 감사한지 모릅니다. 우리가 받은 구원을 감사하고 기뻐하시기 바랍니다.

> 25진실로 진실로 너희에게 이르노니 죽은 자들이 하나님의 아들의 음성을 들을 때가 오나니 곧 이 때라 듣는 자는 살아나리라 26아버지께서 자기 속에 생명이 있음 같이 아들에게도 생명을 주어 그 속에 있게 하셨고 27또 인자됨으로 말미암아 심판하는 권한을 주셨느니라 28이를 놀랍게 여기지 말라 무덤 속에 있는 자가 다 그의 음성을 들을 때가 오나니 29선한 일을 행한 자는 생명의 부활로, 악한 일을 행한 자는 심판의 부활로 나오리라 요 5:25-29

반드시 예수를 믿어야 하는 이유

> 9악을 행하는 각 사람의 영에는 환난과 곤고가 있으리니 먼저는 유대인에게요 그리고 헬라인에게며 10선을 행하는 각 사람에게는 영광과 존귀와 평강이 있으리니 먼저는 유대인에게요 그리고 헬라인에게라 롬 2:9,10

헬라인이나 유대인이나 모든 사람은 다 악을 행하기도 하고 선을 행하기도 합니다. 악을 행하고 선을 행하는 차이는 곧 예수 그리스도의 십자가를 믿느냐 믿지 않느냐로 나타납니다.

> ¹²무릇 율법 없이 범죄한 자는 또한 율법 없이 망하고 무릇 율법이 있고 범죄한 자는 율법으로 말미암아 심판을 받으리라 ¹³하나님 앞에서는 율법을 듣는 자가 의인이 아니요 오직 율법을 행하는 자라야 의롭다 하심을 얻으리니 ¹⁴(율법 없는 이방인이 본성으로 율법의 일을 행할 때에는 이 사람은 율법이 없어도 자기가 자기에게 율법이 되나니 ¹⁵이런 이들은 그 양심이 증거가 되어 그 생각들이 서로 혹은 고발하며 혹은 변명하여 그 마음에 새긴 율법의 행위를 나타내느니라) 롬 2:12-15

예수를 믿지 않는 사람 중에 율법 없는 자든 율법 있는 자든 다 심판을 받게 되는데, 율법이 없는 자는 율법과 상관없이 자기가 자기에게 율법이 되어 양심의 법에 따라 심판을 받고, 율법이 있는 자는 율법의 기준대로 심판을 받게 된다는 내용의 말씀입니다. 결국 반드시 예수님을 믿어야만 둘째 사망, 즉 영원한 지옥에 던져지는 심판을 면하게 되는 것입니다.

> ⁴⁷사람이 내 말을 듣고 지키지 아니할지라도 내가 그를 심판하지 아니하노라 내가 온 것은 세상을 심판하려 함이 아니요 세상을 구원하려 함이로라 ⁴⁸나를 저버리고 내 말을 받지 아니하는 자를 심

판할 이가 있으니 곧 내가 한 그 말이 마지막 날에 그를 심판하리라 ⁴⁹내가 내 자의로 말한 것이 아니요 나를 보내신 아버지께서 내가 말할 것과 이를 것을 친히 명령하여 주셨으니 ⁵⁰나는 그의 명령이 영생인 줄 아노라 그러므로 내가 이르는 것은 내 아버지께서 내게 말씀하신 그대로니라 하시니라 요 12:47-50

여러분, 예수를 믿으면 천국에 갑니다. 예수 그리스도를 믿고 구원을 받으라는 말씀을 듣지 않으면 마지막에 그 말씀으로 심판을 받게 됩니다. 예수 그리스도를 믿고 영생을 얻어 심판에 이르지 않는 여러분이 되기를 간절히 바랍니다.

15

보장된 하나님의 사랑

하나님의 사랑의 넓이가 있고, 하나님의 사랑의 길이가 있고, 하나님의 사랑의 깊이가 있고, 하나님의 사랑의 높이가 있는데, 이 하나님의 사차원적 사랑을 표현하는 것이 '십자가'입니다. 하나님의 사랑이 얼마만큼 넓은가 하는 것은 하나님의 사랑의 보편성을 의미합니다. 우리가 잘 아는 요한복음 3장 16절 말씀에서 보듯이 하나님은 하나님께서 보내신 독생자 예수를 믿기만 하면 누구든지 영생을 얻게 하십니다. 특별한 인종이나 나라나 계급이나 직업의 사람을 구원하시는 것이 아니라 그 아들 예수를 믿는 모든 사람을 구원하시는 이것이 하나님의 사랑의

'넓이'입니다.

누구나 나올 수 있는 교회인가?

저는 어릴 때 우리 교회 담임목사님이 참 거룩하게 보였어요. 목사님은 항상 넥타이 차림이었고, 양 허벅지를 모으고 깍듯이 인사하시고, 어린 저에게조차 말을 낮추는 법이 없었습니다. 어떤 사람도 함부로 대하지 않으셨어요. 아무리 교회에 와서 나쁜 짓을 해도 항상 웃으며 대해주시고, 한밤중에 술 먹은 사람들이 교육관 1층에 변 실수를 하고 토해놓아도 목사님은 아무 말 없이 치우곤 하셨습니다. 그때 저는 우리 목사님이 아주 대단한 강사나 유명한 목사님이 아니었지만 그 분의 삶이 존경스러웠고, 한편으로 '아, 교회는 아무나 갈 수 있는 곳이구나' 하는 생각을 한 것 같습니다.

호주에서 신학교를 다니던 전도사 시절에 한국에서 오신 어느 초청 강사 목사님이 자신이 담임하는 교회는 선교를 많이 하는 교회라고 소개하셨습니다. 교회에 나오는 분들도 대부분 대학교수이고 다들 학력이 높은 특징이 있고 교회 사역에 8,90퍼센트를 선교에 집중하고 있다고 하시는데, 집회에 참석한 다른 목사님들이 다 주눅이 든 모습이었습니다. 그때 제가 손을 들고 이렇게 질문했습니다. "목사님, 그럼 좌판 펴놓고 장사하시는 분이 그 교회에 갈 수 있겠습니까?" 그랬더니 목사님께서 아마 그런 분은 오기 힘들 거 같다고 말씀하셨어요. 그래서 제가 "그럼 목사님 교회는 이상합니다"라고 하자 충격을 받으신 것 같았습니다.

"우리 교회는 어떠어떠하기 때문에 특수한 교회다"라고 하는 말이 과연 맞는 말일까요? 교회는 그리스도의 몸입니다. 그런데 몸을 구성하는 기관의 일부만 특수하게 발달한다면 그것은 건강한 몸도 아니고 온전한 몸도 아닙니다. 성막은 문턱이 없습니다. 저는 교회 예배당도 성막과 같이 문턱이 없어야 한다고 생각합니다. 교회는 휠체어를 타고 가도 되고, 아이들이 아장아장 걸어서 가도 됩니다. 누구든지 갈 수 있어야 합니다. 아무나 다 나올 수 있어야 합니다. 심지어 미친 사람도 와도 됩니다. "목사님, 그래도 우리 교회는 좀 좋은 사람만 오면 좋겠어요"라고 이야기하면 비성경적입니다. 사실 목사도 교회에 좋은 분들이 오면 좋겠다고 생각합니다. 그러나 교회는 그렇게 하면 안 됩니다. 교회에 누구든지 들어와야 합니다. 그것이 하나님의 사랑의 넓이입니다.

하나님의 사랑의 넓이와 그 사역

하나님의 사랑은 식인종에게도 전해져야 하고, 우리가 미처 다 가지 못한 세계 열방과 나라에도 전달되어야 합니다. 북한에도 전해져야 하고, 우리 주변에 작고 힘없는 어려운 이웃에게도 하나님의 사랑이 흘러가야 합니다. 우리 교회에 하나님의 사랑의 넓이가 있어야 합니다.

하나님의 눈이 온 세상 만물을 살피고 계십니다. 십자가의 사랑을 가진 자에게는 복음을 모르는 사람들과 그 땅을 사랑하시는 하나님 아버지의 떨림이 동일하게 전해집니다. 그러니 우리가 선교사님 한 분 한 분을 그냥 지나쳐서는 안 됩니다. 우리가 선교를 보낼 뿐만 아니라 선교사님 한 분 한 분을 최선을 다해 도와야 합니다. 선교할 수 있는 마인드는 하나님의 사랑, 십자가의 사랑에 있습니다. 하나님께서 온 인류를 사랑하신다는 마음이 있어야 비로소 그 사역이 이루어질 수 있습니다.

복음을 전하기 원하십니까? 그럼 먼저 나보다 약하고 힘든 대상에게로 가십시오. 가장 좋은 전도의 방법은 먼저 우리가 내려가는 것입니다. 예수님도 하늘 보좌를 버리고 이 땅으로 내려오셨습니다. 그러니까 우리도 우리보다 못한 그 곳으로 가서 복음을 전해야 합니다. 왜냐하면 그럴 때 줄 수 있기 때문입니다. 모르는 사람에게 가르쳐주고, 어려운 사람을 도와주고, 상처입은 사람을 위로해줄 수 있습니다. 하나님의 넓은 사랑을 가져야만 넓은 사역을 감당할 수 있습니다.

자신을 낮추는 겸손

하나님의 넓은 사랑을 가지려면 예수님과 같은 마음을 가져야 합니다. 예수님은 마음이 온유하고 겸손하십니다. 온유하고 겸손해야만 자신의 자리에서 내려올 수 있고 다른 사람을 무시하지 않습니다. 자신을 낮추고 상대를 섬길 수 있습니다.

제가 SMBC(Sydney Missionary & Bible College)에서 겪은 신학교 교수님들은 참 겸손하셨어요. 요즘은 그렇지 않은지 몰라도 한국에는 학교 식당에 학생 식당과 교수 식당이 따로 있어서 교수와 학생이 같이 밥을 먹지 않았습니다. 그런데 호주에서는 교수와 학생 구분 없이 같은 장소에서 식당을 이용했습니다. 스프와 빵만으로 식사해야 할 때조차 교수와 학생이 같이 먹고 어울려 즐겁게 대화할 수 있다는 데 저는 감동을 많이 받았습니다. 물론 동양과 서양의 문화적 차이도 있을 것입니다. 그러나 우리 예수님은 마음이 온유하고 겸손한 분이십니다.

> 28 수고하고 무거운 짐 진 자들아 다 내게로 오라 내가 너희를 쉬게 하리라 29 나는 마음이 온유하고 겸손하니 나의 멍에를 메고 내게 배우라 그리하면 너희 마음이 쉼을 얻으리니 30 이는 내 멍에는 쉽고 내 짐은 가벼움이라 하시니라 마 11:28-30

우리가 기도하고 묵상하는 가운데 예수님을 경험하면 참 마음이 편안합니다. 여러분도 어떤 사람과 만나서 이야기하면 참 편안한데, 또 어떤 사람과 만나면 뭔가 껄끄러울 수 있습니다. 그러나 예수님 안에는 그런 것이 없습니다. 내 안에 예수님의 마음이 있으면 사람들이 내게 그들이 하고 싶은 말을 모두 하고 싶어 합니다. 나에게 다 내려놓는 것입니다. 저도 아무 말 없이 같이 앉아 있기만 하는데도 상대가 줄줄줄줄 편하게 이야기할 수 있는 사람, "많이 힘들지?" 이 한 마디만으로 함께 울어주고 위로를 주는 그런 사람이 되면 좋겠습니다.

자신을 비우는 겸손

> [2]마음을 같이하여 같은 사랑을 가지고 뜻을 합하며 한마음을 품어 [3]아무 일에든지 다툼이나 허영으로 하지 말고 오직 겸손한 마음으로 각각 자기보다 남을 낫게 여기고 [4]각각 자기 일을 돌볼뿐더러 또한 각각 다른 사람들의 일을 돌보아 나의 기쁨을 충만하게 하라 [5]너희 안에 이 마음을 품으라 곧 그리스도 예수의 마음이니 [6]그는 근본 하나님의 본체시나 하나님과 동등됨을 취할 것으로 여기지 아니하시고 [7]오히려 자기를 비워 종의 형체를 가지사 사람들과 같이 되셨고 [8]사람의 모양으로 나타나사 자기를 낮추시고 죽기까지 복종하셨으니 곧 십자가에 죽으심이라 빌 2:2-8

여기에 예수님의 겸손한 모습이 몇 가지 나옵니다. 자기를 낮추시고 죽기까지 복종하신 십자가의 죽으심도 아주 겸손한 예수님의 모습이지만, 저는 가장 중요한 겸손이 7절에 "자기를 비워"라는 말씀이라고 생각합니다. 성육신하신 하나님께서 하나님이신 그것을 다 비우다니, 그 말은 예수님이 이 땅에 오실 때 아무 능력을 가지고 오지 않으셨다는 것입니다.

예수님은 인류를 위한 대속물이 되시기 위해 죄 없이 태어나셔야 했고, 그러기 위해서 성령으로 잉태되셨습니다. 그 외에 예수님은 이 땅에 완벽한 인간으로 오셨습니다. 왜냐하면 우리에게 본이 되어주시기 위해서입니다. 그러면 예수님의 능력은 어디서 나왔습니까? 주님은 공생애 사역을 시작하실 때 성령의 기름 부음을 받으셨습니다. 따라서 우리가 예수님을 믿으면 우리도 예수님이 하신 사역과 그보다 더 큰 사역도 할 수 있다는 하나님의 비전을 주셨습니다.

> 내가 진실로 진실로 너희에게 이르노니 나를 믿는 자는 내가 하는 일을 그도 할 것이요 또한 그보다 큰 일도 하리니 이는 내가 아버지께로 감이라 요 14:12

예수님은 하나님의 보좌와 그 모든 것을 다 내려놓으시고 비어 있는 상태에서 우리 가운데 오셨습니다. 왜냐하면 이 세상의 모든 사람들을 다 구원하시기 위해서입니다.

하나님의 사랑의 영원성

여러분, 하나님의 사랑의 길이가 얼마나 긴가 하면, 그 사랑은 창세 전에 시작되었습니다. 하나님께서 우리를 창세 전부터 사랑하신 것입니다.

주 하나님이 이르시되 나는 알파와 오메가라 이제도 있고 전에도 있었고 장차 올 자요 전능한 자라 하시더라 계 1:8

나는 알파와 오메가요 처음과 마지막이요 시작과 마침이라
계 22:13

주님은 "내가 처음과 마지막이요 시작과 마침"이라고 하셨습니다. 이 말씀은 자체로 영원성을 가지고 있습니다. 주님은 우리의 처음이 되시는 주이시며 마지막이 되시는 주이십니다. 좀 더 구체적으로 말하면 나 외에 다른 신이 없다고 말씀하신 것입니다.

이스라엘의 왕인 여호와, 이스라엘의 구원자인 만군의 여호와가 이같이 말하노라 나는 처음이요 나는 마지막이라 나 외에 다른 신이 없느니라 사 44:6

영원 전에 영원성을 가지고 계셨고, 영원 후에 영원성을 가지고 계신 분은 하나님 한 분 외에 안 계십니다. 우리를 향한 하나님의 사랑이 어느 정도의 사랑인가 하면, 이 영원성 안에 있는 사랑이라는 것입니다. 창세 전에 성부가 계시고, 성자가 계시고, 성령이 계시는데, 이 성부 성자 성령 하나님 안에 우리가 있고, 우리를 위해 십자가를 예비해두신 바로 그 사랑입니다.

요한계시록 5장에는 보좌에 앉으신 분과 어린 양이 나옵니다. 우리 죄를 위하여 대신 죽은 어린 양은 우리의 대속을 영원까지 입증하고 보장해주십니다. 창세 전에 십자가를 예비하신 사랑으로, 영원까지 우리의 대속을 입증하시는 어린 양으로, 우리를 죄 가운데서 건지시기 위한 하나님의 사랑의 길이가 그만큼 길다는 것입니다. 영원 전부터 영원 후까지입니다.

이런 말씀을 들어도 "아, 그렇구나!" 이렇게 생각하시는 분들이 많은데, 저는 정말 큰 은혜를 받습니다. 왜냐하면 알다시피 제가 감옥에 갔다 왔고 죄 문제가 다 해결되었는데도 아직까지 저를 보고 손가락질하는 사람들이 있습니다. 이 땅에서도 이런 일이 있는데 하늘나라에 가면 그런 말이 없을까 싶다가도, 어린 양 예수께서 저를 지키시며 "내가 대신 죽었다!" 이렇게 확증해주신다는 확신이 들기 때문입니다. 하나님께서 우리의 죄와 구원의 문제에 대해 끝까지 우리의 완전한 구속자가 되어주신다는 것을 믿으시기 바랍니다. 이것이 십자가에 담긴 하나님의 사랑입니다.

우리의 과거, 현재, 미래에도 보장된 사랑

창세 이래 하나님의 역사는 계속해서 흘러왔습니다. 성경에서도 알 수 있듯이 그 역사는 하나님을 배반하고 삐거덕거리며 잘못 흘러가기도 했습니다. 그 후로도 빗나간 많은 현상이 나타났지만 그것은 현상일 뿐입니다. 그럴 때마다 하나님은 다시 본질로 돌아오도록, 다시 십자가로, 다시 진리로 이끄십니다. 누구든지 잘못할 수 있고 잘못된 길로 갈 수도 있습니다. 그럴 때 우리는 십자가를 바라보아야 합니다. 하나님의 기준인 십자가라는 나침반을 붙들고 나아가야 합니다. 교회는 다시금 본질로 돌아와 도도히 흘러가는 하나님의 물결을 타야 합니다.

그러면 우리가 다시금 돌아오기 위해서 무엇을 해야 할까요? 과거 하나님께서 베풀어주신 역사를 보아야 합니다. 이 흐름을 생각할 때 저는 이런 장면이 생각났습니다. 호수 위에 배가 떠 있고 그 배 위에 남녀가 마주앉아 있는데 남자가 노를 젓는 장면, 또 목적지를 등지고 노를 젓는 네 명의 조수와 그들을 마주 보고 앉아 방향을 알려주는 타수가 한 팀이 되는 조정 경기의 한 장면 같은 것 말입니다. 그와 같이 목적지를 등진 채 노를 저을 경우 우리의 지나온 과거는 보이지만 미래는 보이지 않습니다. 그런데 그럼에도 노를 저으며 나아가는 것이 우리의 인생이라는 것입니다.

우리는 하나님께서 지금 나에게 어떻게 역사하시는지는 잘 모릅니다. 저도 호주 감옥에 있을 때 그것을 몰라 너무 힘들었어요. 하나님의 사람으로서 인생을 살아가는데 앞으로의 하나님의 역사가 안 보여요. 솔직히 지금 내일모레, 일주일, 한 달, 일 년 후에 우리가 어떻게 될지 보입니까? 안 보이지요. 그런데 지나고 나서 돌아보면 보입니다. 우리는 그것을 "아, 하나님의 은혜였구나" 이렇게 고백합니다.

우리가 미래에 어떻게 될지 알지 못해도 현재 노 젓는 인생을 살아가는 것은, 과거 나에게 행하신 하나님의 역사를 보면서 그 하나님을 믿으며, 미래에도 하나님께서 반드시 선한 길로 인도해주신다는 확신을 가지고 살아가는 것입니다. 나에게 은혜 주신 분명한 일들과 성경의 모든 말씀을 믿고 믿음의 길을 갈 때 우리는 '절대로' 됩니다. 절대 실패가 없고 분명히 잘 될 것입니다.

저도 어릴 때부터 지금까지 제가 살아오면서 받은 신실하신 하나님의 은혜가 보입니다. 그것은 제가 거부할 수 없는 은혜였습니다. 하나님께서 베풀어주신 사랑을 깨닫고, 지금까지 나를 인도해오신 하나님의 역사하심을 믿는 믿음을 가지고, 보이지 않는 미래를 향하여 나아가는 것입니다. 40, 50, 60대 되신 여러분, 안심하십시오. 70, 80, 90에도 잘 사실 것입니다. 하나님께서 보호함 가운데 인도하실 것입니다. 두려워하지 마십시오.

하나님의 보좌에 높이 오르심

> [18] 능히 모든 성도와 함께 지식에 넘치는 그리스도의 사랑을 알고 [19] 그 너비와 길이와 높이와 깊이가 어떠함을 깨달아 하나님의 모든 충만하신 것으로 너희에게 충만하게 하시기를 구하노라
>
> 엡 3:18,19

여러분, 하나님의 사차원적 사랑으로 하나님의 사랑의 '높이'에 대한 해석을 좀 더 살펴보려고 하는데, 에베소서 4장 8절이 십자가의 사건을 가리킨다는 점을 염두에 두고 8,9절을 읽어보겠습니다.

> [8] 그러므로 이르기를 그가 위로 올라가실 때에 사로잡혔던 자들을 사로잡으시고 사람들에게 선물을 주셨다 하였도다 [9] 올라가셨다 하였은즉 땅 아래 낮은 곳으로 내리셨던 것이 아니면 무엇이냐
>
> 엡 4:8,9

"그가 위로 올라가실 때에", '위로'는 높이를 가리키는 것이

맞습니다. 이것은 예수님이 하나님의 대속물로 십자가에 죽으시고 그 흘린 피를 가지고 하나님의 보좌에 높이 올라가 속죄소에 그 피를 뿌려서 "하나님 아버지, 내가 이 세상에 있는 모든 사람들의 죄를 위해 죽었습니다. 보십시오. 죽은 내 모습이 증거이니 보십시오"라고 말씀하시면, 하나님께서 그것을 보시고 "그래, 네 피로 인하여 내가 모든 사람들을 다 용서하고 심판하지 않겠다"라고 인정하시는 완벽한 구원을 가리킵니다.

결국 이것은 예수님이 우리를 죄에서 완전히 구원하시기 위해 높이 올라가신 사건을 의미합니다. 우리의 죄 문제를 완벽하게 해결하셔서 누구든지 예수를 믿기만 하면 심판을 받지 않는 완벽한 구원을 이루어주셨습니다. 우리가 이 예수님을 믿기만 하면 됩니다. 그런데도 '내 죄가 이렇게나 많은데, 내가 어떻게 구원받겠나' 이것저것 자꾸 다른 생각을 하며 살다보면 복잡하고 헷갈립니다.

그 사랑 놀라워, 그 은혜 놀라워

사실 이단은 아주 쉽게 대처할 수 있습니다. 왜냐하면 금방 끝이 보이고 그 끝이 정말 다르기 때문입니다. 그런데 확실한 이단이 아니라 사이비는 아주 비슷하게 설명합니다. 성경에서는 이것을 미혹이라고 하는데 그러면 사이비가 어떤 문제를 가지고 미혹합니까? 바로 우리의 구원 문제를 가지고 이야기합니다. 그럴 때 구원이 하나님의 주권적인 은총이 아니라 이렇게 하면, 또 저렇게 하면 구원받지 못한다는 식으로 우리의 구원에 대해 시비를 걸거나 구원에 대한 다른 카드를 내놓는다면 그것은 전부 다 미혹입니다.

성경과 교회에서 전하는 구원 외에 아주 특별하고 말초신경을 자극하고 사람들을 현혹할 만한 구원에 대해서 이야기한다면 그것은 거짓 영이 하는 것입니다. 마지막 때에 미혹을 받지 않도록 조심하라는 말씀은 구원에 대해서 절대로 흔들리지 말아야 한다는 의미입니다. 또한 예수님이 "인자가 올 때에 세상에서 믿음을 보겠느냐"라고 하신 말씀 역시 우리의 구원과 직결되어 있습니다. 우리는 오직 예수를 믿음으로 구원을 받습니다.

예수님을 믿는다는 말은 예수님이 행하신 모든 사건, 나를 위하여 행하신 놀라운 은혜와 그 수고로움와 죽으심과 부활과 승천, 하나님의 보좌에 올라가 보여주신 주님의 위대하신 일을 철저히 믿는 것입니다. 여러분, 이 주님이 이루신 구원의 역사가 우리가 지은 죄보다 가볍습니까? 하나님의 구원은 온 우주적인 구원인데 온 우주적인 구원의 역사하심이 어떻게 나의 구원을 이루지 못하겠습니까? 우리 주님의 피가 그리 가치 없는 것인가요?

나의 죄를 생각하고 사람의 죄를 생각하면 우리 눈에 구원이 희미하게 보여도 하나님의 영광과 하나님의 존귀와 하나님의 은혜와 하나님의 행하신 바를 생각해보십시오. 십자가를 생각해보십시오. 그럴 때 당신은 이렇게 고백할 수밖에 없을 것입니다. "나 같은 죄인 살리신 주 은혜 놀라워" 그 은혜를 놀랍게 생각하고 그 은혜에 감사하고 "참 귀합니다" 찬양하는 것이 믿는 자가 마땅히 할 일입니다.

"저런 때려죽일 놈", "저러니까 구원 못 받지", 우리가 보기에 아무 소망이 없어 보여도 하나님께서 그런 사람조차 구원하신 다는 것을 생각하십시오. 그러니 우리 하나님께서 얼마나 위대하십니까? 얼마나 높으십니까? 그 하나님이 계시기 때문에 이 세상 모든 사람에게 소망을 있습니다. 기회를 주어야 합니다. 우리는 하나님의 이 위대한 사랑, 넓고, 길고, 높고, 깊은 이 사랑을 오직 십자가를 통해서만 이해할 수 있습니다.

16

나는 날마다 죽노라

하나님은 사랑의 원천이십니다. 하나님의 사랑이 이 세상으로 흘러오는 것이 바로 '은혜'입니다. 그러면 왜 은혜라고 합니까? 하나님의 사랑은 돈으로 값을 주고 살 수 없을 만큼, 대가를 지불할 수 없는 너무 큰 사랑이기 때문에 거저 받았다고 하는 것입니다. 은혜는 값없이 주시는 무조건적인 하나님의 사랑입니다. 하나님께서 이 놀라운 은혜, 무조건적인 하나님의 사랑을 주시는데 예수 그리스도를 통해서 주십니다.

또 이 은혜가 우리 안에 흐르게 하시는 분은 성령님입니다. 따라서 성령의 교통이 이루어져야만 하나님의 사랑이 예수 그리스도의 은혜를 통하여 내 안에 이루어지게 됩니다. 하나님의 사랑이 아무리 넓고, 길고, 높고, 깊다고 해도 성령님이 없이는 절대로 우리 안에 그 사랑이 이루어질 수 없습니다. 하나님의 사랑이 은혜로 우리에게 나타나는 놀라운 통로가 바로 십자가입니다.

하나님의 사랑이 능력으로 나타나는 비밀

그런데 하나님의 사랑이 마음속에 깊이 잘 들어오는 사람이 있는 반면에 그렇지 않은 분들도 있습니다. 그러면 하나님의 사랑이 십자가를 통해서 성령의 역사로 일어나는데, 나에게 능력으로 나타나지 않는 이유가 무엇일까요? 바로 내가 죽지 않았기 때문입니다. 내가 죽지 않고 살아 있기 때문에 나에게 그 사랑의 역사가 능력으로 나타나지 않는다는 것입니다.

여러분, 지금 '내가' 죽으면 여러분도 주님처럼 능력을 발휘할 수 있습니다. 예수님은 성령을 받고 그 이후 사역을 행하셨습니다. 그러면 우리도 성령을 받고 사역을 행할 수 있습니까? 없습니까? 예수님은 요한으로부터 침례를 받으셨습니다. 침례란 침례를 받는 사람이 물속에 잠겨 그 몸이 죄에 죽고, 의의 몸으로 다시 산다는 것을 상징하는 세례 의식입니다. 그런데 예수님이 세례를 받으시고 물에서 올라오실 때 하늘이 열리고 하나님의 성령이 비둘기같이 내려 예수님에게 임하셨습니다. 예수님에게 성령세례가 임한 것입니다.

예수님이 물세례를 받고 성령세례를 받으실 때 예수님은 어떤 상태이신가 하면 죄가 없는 상태입니다. 맞습니까? 예수님은 죄가 없는데, 군이 세례를 받을 필요가 없는데도 불구하고 세례를 받으셨습니다. 왜냐하면 우리에게 모델케이스가 되어주시기 위해서입니다. 그러니까 우리가 살아 있는 상태에서 성령의 기름부음을 받으면 능력이 나타나지 않습니다. 왜냐하면 내가 살아서 내 안에 죄가 있는 상태이기 때문이죠. 그렇다면 우리는 성령으로 세례를 받기 전에 먼저 십자가를 통한 자기 죽임부터 경험해야 합니다.

이렇게 회개하고 십자가를 경험하고 십자가의 놀라운 사랑을 받은 사람, 성령세례를 받은 사람은 성령사역을 제대로 합니다. 그러나 회개도 하지 않고 성령의 기름부음도 받지 않은 상태인데 기도해서 병을 고치는 사람이 있다면 그 사람은 100퍼센트 문제가 있는 것입니다.

죄와 함께 죽는 십자가의 능력

십자가의 능력은 죄와 싸워서 이기는 것이 아닙니다. 죄와 함께 죽는 것입니다. 로마서 6장을 보면 전부 다 죽는다, 죽으심, 죽음, 죽음, 죽음, 죽음, 죽음 계속해서 죽음이 나옵니다.

¹ 그런즉 우리가 무슨 말을 하리요 은혜를 더하게 하려고 죄에 거하겠느냐 ² 그럴 수 없느니라 죄에 대하여 죽은 우리가 어찌 그 가운데 더 살리요 ³ 무릇 그리스도 예수와 합하여 세례를 받은 우리는 그의 죽으심과 합하여 세례를 받은 줄을 알지 못하느냐 ⁴ 그러므로 우리가 그의 죽으심과 합하여 세례를 받음으로 그와 함께 장사되었나니 이는 아버지의 영광으로 말미암아 그리스도를 죽은 자 가운데서 살리심과 같이 우리로 또한 새 생명 가운데서 행하게 하려 함이라 롬 6:1-4

우리는 예수 그리스도의 죽으심과 합하여 세례를 받음으로 예수님과 함께 죽어 죄에 대하여 죽었습니다. 그리고 예수 그리스도를 죽은 자 가운데서 살리신 것과 같이 우리도 새 생명으로 살아가게 하셨는데, 그것은 하나님의 나라와 영광을 위해 능력 있게 행하게 하신다는 것입니다. 4절에 새 생명 가운데 행하게 한다는 것은 곧 하나님의 믿음의 역사를 가리킵니다.

너희가 세례로 그리스도와 함께 장사되고 또 죽은 자들 가운데서 그를 일으키신 하나님의 역사를 믿음으로 말미암아 그 안에서 함께 일으키심을 받았느니라 골 2:12

하나님의 역사를 믿음으로 일으키는 것은 그리스도와 함께 장사되어야만, 내가 죽어야만 행할 수 있습니다. 우리가 지금까지 성령세례나 성령의 기름부으심에 대하여 많이 강조해왔는데, 내가 그리스도와 함께 못 박혀서 나 자신이 죽어야 한다는 이 말씀에 대해서 너무 소홀했습니다.

> [5]만일 우리가 그의 죽으심과 같은 모양으로 연합한 자가 되었으면 또한 그의 부활과 같은 모양으로 연합한 자도 되리라 [6]우리가 알거니와 우리의 옛 사람이 예수와 함께 십자가에 못 박힌 것은 죄의 몸이 죽어 다시는 우리가 죄에게 종 노릇 하지 아니하려 함이니
>
> 롬 6:5,6

우리가 예수님과 함께 죽었으면 우리도 예수님과 같이 부활의 능력을 갖게 됩니다. 그러면 우리가 예수님과 함께 죽어 죄의 몸이 죽었으면 우리가 다시는 죄에게 종 노릇 하지 말아야 하는데 과연 그런가요? 우리가 어떤 죄를 회개하면 다음부터는 그 죄를 또 짓지 말아야 하는데 과연 그렇습니까?

자꾸 남을 속이고 거짓말하는 죄에 찔려 하나님 앞에 다시는 거짓말하지 않게 해달라고 회개하고 돌아서서 다시 거짓말하는 것이 우리입니다. 다른 사람을 씹고 뒷담화하는 이것, '하나님 이거 제발 안 하게 해주세요' 울며 회개하고 기도하지만 잘 안 됩니다. 예쁜 여자가 지나가면 좋아서 보게 되는 이것, '제

발 하나님, 저 이거 안 하게 하실 수 없습니까?' 깨끗하게 해달라고 기도하지만 나도 모르게 다시 그러고 있는 것을 발견하게 됩니다. 혼자만 거룩한 척하지 마시기 바랍니다.

죄가 나를 주장하지 못하는 자유

그런데 제가 무엇을 확실하게 느꼈느냐 하면 정확한 회개를 통해서 그 죄를 다시 짓지 않을 수 있다는 것입니다. 남을 뒷담화하는 나의 죄와 함께 내가 같이 죽어버리면 다시는 그 일을 안 합니다. 다른 사람을 미워하는 죄, 교만한 죄, 그것과 함께 내가 죽어버리면 앞으로 다른 사람을 미워하는 마음이 생기겠어요? 안 생기겠어요? 안 생깁니다. 진짜 죽으면 말입니다. 옛날에 저는 다른 사람 판단하는 것을 너무 재미있게, 아주 신랄하게, 영성을 동원해가면서 했습니다. 그런데 지금은 말이 안 나옵니다. 죽었기 때문입니다. 여러분도 진짜 소망을 가지시기를 바랍니다.

우리는 죄와 함께 죽을 수 있습니다. 예를 들면 내 원수가 있는데 "하나님, 제가 그를 사랑하게 해주세요" 이렇게 기도하지 말고 원수를 미워하는 나, 그 자체로 "하나님, 제가 죽습니다" 하고 죽어버리는 것입니다. 죽는 것은 쉽습니다. 침례한다 생각하고 물속으로 들어가 그것이 다시는 살아서 떠오르지 않게 하는 것입니다.

나의 미워하는 죄, 음란한 죄, 도둑질하는 죄, 돈을 사랑하는 죄, 교만한 죄를 다 잡아 내리십시오. 더 내리십시오. 더 더 저 음부까지 내리십시오. "미워하는 마음은 없어질지어다", "혈기는 다 없어질지어다", "교만한 마음은 없어질지어다", "나 자신을 사랑하는 마음은 없어질지어다", "가식적인 것은 없어질지어다", "음란은 사라질지어다", "다른 사람을 판단 정죄하는 죄는 다 없어질지어다", "육체의 정욕과 안목의 정욕과 이생의 자랑은 없어질지어다!" 이 죄 자체인 내가 오늘 이 죄와 함께 죽었습니다!

> 6우리가 알거니와 우리의 옛 사람이 예수와 함께 십자가에 못 박힌 것은 죄의 몸이 죽어 다시는 우리가 죄에게 종 노릇 하지 아니하려 함이니 7이는 죽은 자가 죄에서 벗어나 의롭다 하심을 얻었음이라 8만일 우리가 그리스도와 함께 죽었으면 또한 그와 함께 살 줄을 믿노니 9이는 그리스도께서 죽은 자 가운데서 살아나셨으매 다시 죽지 아니하시고 사망이 다시 그를 주장하지 못할 줄을 앎이로라 롬 6:6-9

6,7절에서 옛 사람이 예수와 함께 십자가에 못 박히지 않으면 나는 여전히 남을 미워하고, 나는 여전히 돈을 사랑하며, 나는 여전히 이기적인 마음이 있어 죄에서 벗어나 의롭다 하심을

얻지 못하는 것입니다. 그런데 내가 죽으면 의롭다 하심을 얻습니다. 여러분, 죽었다가 다시 살아나신 예수님을 사망이 다시금 주장하지 못한 것이 맞습니까? 지금 우리가 죽었다면 지금 우리가 가진 죄, 시기, 질투, 미움, 음란 이 죄가 우리를 주장하지 못한다는 것입니다. 여러분, 여기서 자유하게 되셨습니까? 이 죄 문제가 해결되면 얼마나 기쁩니까? 이 사실을 믿으시기 바랍니다.

날마다 십자가에 못 박혀라

그런데 이것이 한 번만 죽으면 됩니까? 한번은 기도원에서 'At the Cross'라는 찬양을 부르며 기도하고 있었습니다.

Oh Lord, You've searched me

You know my way

Even when I fail You

I know You love me

이 찬양이 흐르는 가운데 실제인지 환상인지 하늘에서 갑자기 큰 나무가 내려오는 것을 보았습니다. 그것을 보고 깜짝 놀랐는데, 알고 보니 그 나무가 십자가였습니다. 그런데 그 나무가 저에게 내려오더니 호흡이 안 될 정도로 내려와 저를 관통하여 십자가가 저에게 박혀버렸어요. 그 십자가의 피가 제 안에 들어왔고, 그 십자가가 제 가슴을 쳐서 저를 완전히 죽여버리는 것이었습니다. 저는 너무 놀란 나머지 집에 돌아와 아내에게 이야기했습니다.

"여보, 내가 오늘 십자가에 박혔다!"

아내는 의아한 표정을 지었습니다. 밤이 늦어 자려고 제가 침대에 들어가 누웠습니다. 보통 마지막에 방의 불을 끄는 것은 제가 아니고 아내인데, 그날은 그래도 은혜를 받고 보니 제가 불을 꺼야겠다는 생각이 들어서 일어나 불을 끈 다음 다시 침대로 들어가는데, 갑자기 뭔가가 날아와 저를 정통으로 받아버려서 눈앞에 별이 번득였습니다. 제가 이불에 말린 아내의 다리에 맞은 것인데, 저는 정신이 하나도 없어서 비명을 지르는데 아내는 그만 웃음이 터져버렸어요.

너무 놀라운 것은 예전 같으면 제 안에서 혈기가 나왔을 텐데, 저 역시 울고 웃으며 아내에게 이렇게 말했습니다. "이 상황에서 웃으면 안 되잖아." 저도 깜짝 놀랐습니다. 그런데 며칠이 못 가 나의 본성, 나의 혈기가 다시 살아나는 사건이 생겼습니다. 그러나 바울도 이렇게 고백했습니다.

형제들아 내가 그리스도 예수 우리 주 안에서 가진 바 너희에 대한 나의 자랑을 두고 단언하노니 나는 날마다 죽노라 고전 15:31

그렇습니다. 내가 매일 죽어야 한다는 것입니다. 매일 성화가 되어야 합니다. 그래서 저도 이렇게 고백할 수밖에 없습니다. "하나님, 하나님의 은혜가 한순간이라도 없으면 저는 짐승과 다름이 없습니다. 성령으로 인하여 내가 날마다 죽지 않으면, 내가 조금이라도 스스로 자긍하고 교만하고, 스스로 조금이라도 내가 나라고 나타나기만 하면, 하나님의 은혜가 잠시라도 끊어지면 저는 짐승과 다름이 없습니다. 그래서 오늘도 하나님의 은혜가 필요합니다. 하나님, 오늘도 저를 죽여주십시오. 오늘도 십자가 앞에 겸손히 나아갑니다. 모든 것을 내려놓고 아버지께 조아립니다."

여러분, 우리의 신앙은 절대 일회성이 아닙니다. 신앙은 점진성입니다. 오늘 하루에 평생 먹을 밥을 먹을 수는 없습니다. 오늘 먹을 밥은 오늘 먹고, 내일 먹을 밥은 내일 먹고 그렇게 평생 먹어야 하듯이 하나님의 은혜도 마찬가지입니다. 숨 쉴 수 있는 공기가 늘 필요한 것처럼 우리에게는 평생에 하나님의 은혜가 필요합니다. 나를 죽여주시고, 나의 연약한 부분들을 완전히 바꾸어주시고, 다시는 그 죄가 살아서 올라오지 않도록 내가 죽어버리고, 살아나려고 하면 내가 죽어버리고, 날마다 내가 죽어 날마다 하나님이 주시는 은혜의 단계로 더 깊이 들어가는 은총이 있게 해달라고 기도하시기 바랍니다.

17

십자가 지고 예수 따르라

하나님의 사랑은 일반적인 사랑입니다. 하늘의 하나님은 해를 악인과 선인에게 비추시고, 비를 의로운 자와 불의한 자에게 다 내려주십니다. 그러나 하나님은 하나님의 특별한 사랑만큼은 하나님의 자녀들에게만 주십니다. 제가 목사로서 성도님들을 사랑하지만 제가 제 아들에게 주는 사랑은 남다릅니다. 제 아들이 아버지인 저에게 받는 사랑은 특별한 것입니다. 마찬가지로 우리는 특별한 하나님의 사랑을 받는 존재입니다. 그 특별한 하나님의 사랑이 십자가에 집중되어 있습니다. 하나님의 사랑의 결정체인 십자가에 초점이 맞춰지면 우리도 예수님과 같이 십자가를 질 수 있게 됩니다.

예수님의 제자가 되는 조건

여러분, 십자가 지기를 원하십니까? 예수님의 제자 되기를 원하십니까? 십자가도 지고 예수님의 제자도 되기 원하시나요? 제가 "십자가 지실 분들, 손들어보십시오"라고 질문하면 손을 번쩍 드는 사람이 별로 없습니다. 대부분 눈치보면서 고민합니다. 그런데 "여러분, 예수님의 제자가 되기 원하십니까? 예수님의 제자가 되기 원하는 분은 일어나세요" 이렇게 말하면 "아멘" 하고 다 일어납니다. 그러면 제가 다시 일어난 분들 중에서 "예수 십자가 지고 나가실 분, 손들어보세요" 이러면 그냥 가만히 계십니다. 예수님의 제자가 되는 것과 십자가는 어떤 관계가 있을까요?

> 25 수많은 무리가 함께 갈새 예수께서 돌이키사 이르시되 26 무릇 내게 오는 자가 자기 부모와 처자와 형제와 자매와 더욱이 자기 목숨까지 미워하지 아니하면 능히 내 제자가 되지 못하고 27 누구든지 자기 십자가를 지고 나를 따르지 않는 자도 능히 내 제자가 되지 못하리라 눅 14:25-27

이 말씀을 읽고 지금 부담이 옵니까? 예수님의 제자가 되려면 첫째, 자기 부모와 처자와 형제와 자매와 심지어 자기 목숨까지 미워해야 합니다. 그렇지 않으면 주님의 제자가 되지 못한다고 하셨습니다. 부모, 처자, 형제, 자매보다도 더 예수님을 사랑해야 한다는 것입니다. 둘째, 예수님은 누구든지 자기 십자가를 지고 나를 따르지 않는 자도 내 제자가 되지 못한다고 말씀하셨습니다. 그러니까 자기에게 주어진 십자가를 짊어지고 주님을 따라야 된다는 것입니다. 그렇다면 십자가 지는 것과 제자 되는 것이 같습니까? 아닙니까? 이것이 명백한 성경 말씀입니다. 여러분, 저를 원망하지 마십시오.

> 28너희 중의 누가 망대를 세우고자 할진대 자기의 가진 것이 준공하기까지에 족할는지 먼저 앉아 그 비용을 계산하지 아니하겠느냐 29그렇게 아니하여 그 기초만 쌓고 능히 이루지 못하면 보는 자가 다 비웃어 30이르되 이 사람이 공사를 시작하고 능히 이루지 못하였다 하리라 눅 14:28-30

28절에 망대를 건축하려고 할 때 누가 그 비용을 계산해보지 않겠습니까? 우리가 예수를 믿기 시작했는데 십자가를 짊어지지 않는다면 그것은 제대로 믿기 시작하지도 않았다는 의미입니다.

³¹또 어떤 임금이 다른 임금과 싸우러 갈 때에 먼저 앉아 일만 명으로써 저 이만 명을 거느리고 오는 자를 대적할 수 있을까 헤아리지 아니하겠느냐 ³²만일 못할 터이면 그가 아직 멀리 있을 때에 사신을 보내어 화친을 청할지니라 ³³이와 같이 너희 중의 누구든지 자기의 모든 소유를 버리지 아니하면 능히 내 제자가 되지 못하리라 눅 14:31-33

우리가 공사를 시작할 때도, 전쟁을 치를 때도 미리 예측하고 거기에 대비해야 하는 것처럼 신앙도 마찬가지로 앞으로 주님이 하실 일들에 대한 것을 우리가 믿음으로 준비해야 합니다. 또 거기에 우리 삶의 헌신과 희생도 필요하다는 것입니다. 33절에 "누구든지 자기의 모든 소유를 버리지 아니하면 능히 내 제자가 되지 못하리라"라고 하신 이 요청은 신앙의 아주 높은 단계가 요구됩니다. 우리가 자칫 시험에 들 수도 있습니다.

십자가라는 좁은 길

셋째, 우리에게 주어진 십자가를 짊어지고 따라가야 하는 십자가의 길은 좁은 길입니다. 십자가는 좁은 문이고 좁은 길입니다. 십자가는 쉽게 갈 수 있는 그런 길이 아닙니다. 그러나 이 문과 이 길만이 우리를 생명으로 인도할 것입니다.

¹³좁은 문으로 들어가라 멸망으로 인도하는 문은 크고 그 길이 넓어 그리로 들어가는 자가 많고 ¹⁴생명으로 인도하는 문은 좁고 길이 협착하여 찾는 자가 적음이라 마 7:13,14

여러분, 우리가 예수를 믿는다는 것은 좁은 문, 좁은 길을 걸어가는 것입니다. 마태복음 7장에는 참 무거운 이야기가 나오는데, 그것은 다름 아닌 형제 사랑에 대한 말씀입니다.

¹비판을 받지 아니하려거든 비판하지 말라 ²너희가 비판하는 그 비판으로 너희가 비판을 받을 것이요 너희가 헤아리는 그 헤아림으로 너희가 헤아림을 받을 것이니라 ³어찌하여 형제의 눈 속에 있는 티는 보고 네 눈 속에 있는 들보는 깨닫지 못하느냐 ⁴보라 네 눈 속에 들보가 있는데 어찌하여 형제에게 말하기를 나로 네 눈 속에 있는 티를 빼게 하라 하겠느냐 ⁵외식하는 자여 먼저 네 눈 속에서 들보를 빼어라 그 후에야 밝히 보고 형제의 눈 속에서 티를 빼리라 마 7:1-5

이 말씀은 형제를 사랑하는데 형제의 티, 형제의 외식하는 부분, 형제의 아픔, 형제의 어려움을 함께 짊어지고 걸어가라는 것입니다. 이것이 바로 십자가의 길이라는 것입니다.

제가 교회에 오면서 어떤 집사님과 통화를 하는데 이분이 저에게 한 가지 고백할 것이 있다고 하셨습니다. 그러더니 "목사님, 제가 OOO를 너무 미워해요"라고 하시는데 저는 놀랐어요. 저는 집사님이 그분과 친한 줄 알았거든요. "목사님, 저는 그 사람이 너무너무 미워요"라고 하시길래 제가 "왜요?"라고 물었습니다. "아유, 그 사람, 너무 자기중심적이고 이기적이야" 그래서 너무 얄밉고 경우도 없어서 밉다는 것입니다. 제가 집사님의 이야기를 쭉 듣고 이렇게 말씀드렸습니다.

"집사님, 그 자매를 미워하게 된 게 그 자매가 이기적이라고 생각하니까 그런데, 그 자매를 어린아이라고 생각해보십시오. 나이가 40,50이라도 그 사람의 신앙 수준이 아직 어린아이일 수 있습니다. 우리 아이들이 자기 거 안 뺏기려고 하고, 다른 아이들 것을 뺏어서 가지려고 한다고 그 아이한테 '너 정말 이기적이구나' 이렇게 말하지 않죠. 왜 그렇습니까? 어린아이기 때문입니다. 집사님도 그 자매가 '아직 어린아이다'라는 생각으로 대하시면 집사님의 마음이 참 편하실 겁니다."

그러자 집사님도 자신이 괜한 욕을 했다고 너무 부끄럽다고 하고 전화를 끊었습니다. 그런데 저도 마찬가지입니다. 저도 그렇습니다. 지금 저희가 나누었던 대화가 현재 우리 크리스천들의 생활과 생각과 믿음의 수준을 나타내준다고 생각합니다. 우리는 다 고만고만합니다.

십자가가 주는 거룩한 부담감

여러분, 어린아이 같은 신앙생활이란 육적인 신앙생활입니다. 육적인 신앙생활은 사실 예수 믿는 사람이나 예수 안 믿는 사람이나 똑같은 삶입니다. 그러나 영적인 삶은 장성한 사람의 삶입니다. 예전에 제가 이 비밀을 몰랐을 때는 사람들을 참 많이 비판했습니다. 특별히 영적인 부분들에 대해서 그것이 영적으로 잘못되었다고 판단할 때가 많았습니다. 그런데 하나님께서 깨닫게 해주시기를, 그것은 영적으로 잘못되었다기보다 영적으로 미숙하다고 봐야 한다는 것을 알게 해주셨습니다. 아직까지 장성하지 못하고 성숙하지 못해서 그렇다는 것입니다.

생각해보십시오. 유치원생이나 초등학생에게 이제부터 너는 예수님의 제자니까 제자의 길을 걸어야 한다고 말한다면 그것은 도리어 욕입니다. 아마 그들은 어떻게 하라는 건지 전혀 알 수 없을 것입니다. 제자는 어느 정도 성장하고 성숙해 있는 단계를 말합니다. 예수님의 제자들도 예수님과 3년이나 함께했지만 마지막에 다 도망쳤지 않습니까? 그런데 그들에게 성령이 임하니까 다시금 제자의 길을 걸어가게 된 것이지요. 그러니 여러분, 너무 조급하게 가지 맙시다. 너무 빨리 순식간에 무언가 하려고 하지 마십시오. 신앙이란 갈고 닦고 계속되는 연단 가운데서 하나씩 세워지고 만들어져가는 것입니다.

그러면 십자가를 짊어진다는 것이 무엇입니까? 흔히 우리 집

남편이 내 십자가라고, 나를 괴롭히는 사람이 십자가라고 말하는 분들이 있습니다. 사업이 쫄딱 망하고 나서 그 어려움을 가리켜 물질의 십자가를 짊어진다고 말하는데 그것은 잘못된 것입니다. 십자가는 하나님의 나라와 그의 의를 위하여, 그 영광을 위하여 걸어갈 때 반드시 통과해야 하는 일들을 가리킵니다. 예수님은 반드시 십자가와 하나님의 영광을 결부시키셨습니다.

따라서 우리도 어떤 십자가를 짊어질 것인지 거룩한 부담감을 가지면 좋겠습니다. 복음의 십자가를 지고 이 땅의 부흥을 위해 눈물로 기도하는 일이 필요합니다. 어렵고 힘든 이웃들에게 하나님의 사랑을 전하기 위해 물질의 십자가를 짊어지는 일도 필요합니다. 그러면 우리가 왜 십자가라는 부담감을 가져야 합니까? 바로 내가 거룩한 십자가에 빚졌기 때문입니다. 우리가 이 자리에 있기까지 누군가 우리를 위한 희생과 헌신과 수고와 봉사의 십자가를 졌기 때문에 우리에게 이 아름다움이 있다는 것을 잊으면 안 됩니다. 여러분, 이와 같이 하나님의 십자가는 흐르는 물결입니다. 이 사실을 알 때 우리가 능히 십자가를 지고 주님의 제자가 되는 것입니다.

맛있는 인생입니까?

> 이와 같이 너희 중의 누구든지 자기의 모든 소유를 버리지 아니하면 능히 내 제자가 되지 못하리라 눅 14:33

이 말씀은 나에게 단돈 일 원도 없어야 한다는 것이 아니라 내가 가진 모든 것, 물질, 건강, 시간도 내 것이 아니라 주님의 것이라는 로드십(Lordship)을 인정하는 것입니다. 내 것을 포기하는 것이 나를 부인하는 것입니다. 나의 주인이 내가 아니라는 것입니다. 우리가 보통 이것이 안 될 텐데, 이것이 안 되면 아직까지 예수님의 제자가 아닙니다. 그러면 그 사람은 맛없는 인생을 살게 됩니다.

> 34 소금이 좋은 것이나 소금도 만일 그 맛을 잃으면 무엇으로 짜게 하리요 35 땅에도, 거름에도 쓸 데 없어 내버리느니라 들을 귀가 있는 자는 들을지어다 하시니라 눅 14:34,35

제자가 되지 못하면 인생은 맛이 없습니다. 재미가 없다는 것입니다. 여러분, 지금 여러분의 인생이 무엇으로 즐거운가요? 솔직하게 생각해보십시오. 여러분의 인생의 즐거움과 기쁨을 채워주는 것이 무엇입니까? 여러분의 인생을 만족시키는 것이 무엇입니까? 화려한 옷입니까? 비싼 시계입니까? 멋진 음악입니까? 좋은 음식입니까? 좋은 만남입니까? 그것이 여러분의 인생을 기쁘게 하고 여러분의 인생을 채워줍니까?

그런데 나 때문에 세상이 맛있어진다면, 나 때문에 내 주위에 있는 사람들이 살아날 수 있다면 그보다 멋진 인생이 있을까요? 하나님은 이 십자가를 나를 위해 주셨을 뿐만 아니라 우리를 위해 주셨다고 말씀하십니다. 예수님이 자기 자신을 위해서 죽은 것이 아니라 우리를 위해 죽으신 것처럼 그것을 받은 우리도 우리 자신을 위한 삶이 아니라 주는 삶을 추구해야 한다는 것입니다. 십자가가 완성되려면 우리는 흘려보내는 삶을 살아야 합니다. 따라서 우리가 하나님의 사랑의 원천인 이 십자가를 통과할 때 이 땅에 아름다운 하나님의 나라가 건설되고 확장될 것입니다.

하나님의 자녀는 소금입니다. 맞습니까? 하나님의 자녀가 아닌 사람은 소금이 아닙니다. 그런 사람들은 골프 치고 살고, 레저를 즐기면서 마음껏 누려도 괜찮습니다. 거기서 만족을 찾고 기쁨을 누릴 수 있다면 그렇게 살아도 괜찮아요. 그러나 하나님의 사람은 소금입니다. 주님의 제자는 소금입니다. 이 소금은 소금 자체로 존재하는 것이 아니라 맛을 발휘하는 데 쓰임을 받습니다.

제자입니까? 예수입니까?

많은 분들이 가정의 중요성과 화목을 이야기합니다. 물론 그것이 중요하지 않다는 것이 아닙니다. 그러나 내 가족만을 위해서 사는 삶을 합리화시켜서는 안 됩니다. 예수님은 내게로 오는 사람은 아버지나 어머니, 아내나 자식이나 형제나 자매를 미워하지 않으면 내 제자가 될 수 없다고 콕 집어 가족에 대해서 말씀하셨습니다. 이제 더 이상 가족만을 위해 사는 삶의 경계를 넘어서야 한다고 말씀하시는 것입니다. 가족의 경계를 넘어서는 사랑과 헌신, 심지어 자기 목숨까지 미워해야 제자가 된다는 것을 주님은 철저히 확인하고 계십니다.

솔직히 내 자식들, 내 가족이 잘되기 위해서 예수 믿는다는 사람이 얼마나 많습니까. 가족이 잘 되는 게 결국은 자기가 잘 되는 거라고 생각하는 것 아닙니까? 그러나 주님은 우리가 제자가 되기를 원하십니다. 주님이 이 땅에 오셔서 많은 사역을 하셨습니다. 수많은 병자를 고치시고 오병이어의 기적을 일으키시고 천국 복음을 전파하시며 주님의 왕 되심을 나타내셨습니다. 그런데 주님이 마지막까지 놓치지 않은 주제가 바로 '제자'입니다.

그러면 제자가 왜 중요할까요? 윤치영의 제자면 그 사람은 윤치영입니다. 바울의 제자면 그 사람이 또 다른 바울입니다. 그러면 예수님의 제자는 누구입니까? 예수님입니다. "너희는 내 제자가 되리라"라고 하신 말씀은 우리가 예수님의 제자가 되어 예수의 제자가 열 명이면 예수님이 열 명이 된다는 것입니다. 주님의 목적은 우리 한 사람 한 사람을 당신의 아름다운 모습으로, 세상의 소금으로 드러내시는 것입니다. 그것이 바로 제자도입니다.

이 제자도가 십자가를 통하여, 주님의 아름다운 본을 통하여 하나님께서 펼치신 아름다운 역사입니다. 이 말씀을 들을 때 결단을 내리시기 바랍니다. 주님의 제자가 되든지, 아니면 더 좋은 주님의 제자가 되시기를 축복합니다. 그러기 위해서는 우리가 십자가에 못 박힐 뿐만 아니라 십자가를 짊어지고 가야 하는 것입니다.

나의 주인은 그리스도이십니다

저는 세례 요한을 참 좋아합니다. 저는 사도 바울을 참 좋아합니다. 저는 다윗 왕을 참 좋아해요. 왜 세례 요한을 좋아하느냐 하면 세례 요한의 삶이 바울의 삶이고, 바울의 삶이 다윗의 삶인 것 같고, 다윗의 삶이 바로 예수 그리스도를 향한 이 세 사람의 삶의 공통분모가 분명히 나타나는 것 같아서입니다. 세례 요한, 바울, 다윗 이 세 사람의 가장 큰 특징은 자기 자신을 인정하지 않는 것입니다.

세례 요한은 제사장 사가랴의 아들입니다. 그렇다면 그는 제사장의 아들로서 성전 주위에서 멋지게 살 수 있는 위치의 사람입니다. 그러나 그는 광야에서 살았고 수많은 사람들에게 복음을 전했습니다. 그의 메시지는 아주 강력했습니다. 그가 광야에서 "회개하라 천국이 가까이 왔느니라"라고 선포하는데도 사람들이 막 몰려들 정도였습니다. 그는 광야에서 낙타 털옷을 입고 살았으며 그의 음식은 메뚜기와 석청이었습니다.

그는 하나님으로부터 받은 사명이 너무너무 뚜렷했습니다. 그가 광야에서 산 것은 광야에서 하나님을 만나고 있었기 때문입니다. 광야에서 하나님의 때를 기다리고 있었다는 것입니다. 그는 광야에서 주의 길을 예비하라는 사명, 하나님의 대로를 평탄케 하라는 말씀대로 주님을 기다리고 있었습니다.

그런 그가 이런 멋진 이야기를 합니다. "나는 그리스도가 아닙니다." 많은 사람들이 세례 요한에게 와서 "당신이 그리스도입니까?"라고 물을 때 그는 자신이 그리스도가 아니라는 사실을 숨김없이 말했습니다. 이 말에는 두 가지 뜻이 담겨 있습니다. 한 가지는 우리가 생각하는 대로 요한 자신은 그리스도가 아니라는 의미입니다. 그런데 두 번째는 "나는 나의 그리스도가 아닙니다"라는 의미의 고백입니다. 다시 말해 "나의 주인은 내가 아니라 그리스도입니다"라는 것입니다.

세례 요한은 훌륭한 사람입니다. 자기 자신을 부인한 사람이기 때문입니다. 내 삶의 주인이 내가 아니라고 고백한 사람입니다. 자기 자신을 부인했기 때문에 그는 주님의 길을 끝까지 따라갈 수 있었습니다.

나는 죽고 예수 그리스도만 사시는 삶

사도 바울도 마찬가지입니다. 우리가 너무나 잘 아는 갈라디아서 말씀이 있습니다.

> 내가 그리스도와 함께 십자가에 못 박혔나니 그런즉 이제는 내가 사는 것이 아니요 오직 내 안에 그리스도께서 사시는 것이라 이제 내가 육체 가운데 사는 것은 나를 사랑하사 나를 위하여 자기 자신을 버리신 하나님의 아들을 믿는 믿음 안에서 사는 것이라
>
> 갈 2:20

바울은 오직 내 안에 내가, 내가, 내가 아니라 예수 그리스도만이 사신다고 고백합니다. 바울의 삶 역시 그리스도로 인한 삶, 그리스도로 충분한 삶이었습니다. 여러분, 오늘 주님을 얼마나 인정하면서 살았습니까? 주님을 얼마만큼 생각하며 살았습니까? 주님이 나의 주인이라고 얼마만큼 시인하며 살았습니까? 오늘 다시 한번 더 내 삶 가운데 주님을 인정하고 그분의 주권 아래서 살아가야 합니다.

교회를 창립하고 나서 저에게 있는 큰 변화는 이 교회의 주인

이 누구신지를 철저히 인정하게 되었다는 것입니다. 이 교회의 담임목사가 누구신지, 이 교회를 이끌어 가시는 분이 누구신지 진짜 인정하게 되었어요. 그분이 바로 주님이십니다. 제가 그것을 믿습니다. 진짜 믿습니다. 이 교회는 주님이 인도하십니다. 하나님께서 우리 교회를 인도하실 것을 제가 진짜 믿습니다. 우리 교회의 로드십에 대해서 확실히 인정합니다.

그런데 정직하게 말해서 죄송한 말이지만 아직까지 내 주인은 나인 것 같습니다. 이것이 참으로 힘듭니다. 이것이 날마다 죽어야 할 일입니다.

나의 왕 나의 하나님

우리가 잘 아는 다윗 왕은 그야말로 엄청난 리더의 자리에 있었던 사람입니다. 제가 가는 기도원에 양들이 있었습니다. 저는 그 양들의 목자가 되어보려고 그 양들에게 계속 다가갔습니다. 가서 "이리 온나" 이럽니다. 양들이 오지 않아요. 계속해서 딴청을 부립니다. 그래도 계속해서 "내가 왔다. 이리 와" 이래도 안 옵니다. 제가 가까이 가면 도망갑니다. 그러다가 언젠가는 "내다. 가지 마. 가지 마" 하니까 양들이 가만히 있고, 또 언젠가는 "오 그래. 내다. 괜찮아. 괜찮아" 하니까 왠지 알아듣는 것 같았습니다. 매일 보고 매일 들으니까 그렇습니다. 제가 언제쯤 이 양들을 다 모을 수 있을까요?

시편 23편에 다윗이 고백한 것과 같이 양에게는 반드시 목자가 있어야 합니다. 그 원리를 너무나 잘 알았던 다윗은 자신이 자기의 목자가 아니라 여호와 하나님께서 자신의 목자가 되신다고 고백합니다. 가진 재산이 많아서 지위가 높아서가 아니라 여호와 한 분이 계시기 때문에 내게 부족함이 없다고 고백합니다. 사랑하는 여러분, 우리 한 번 이 믿음을 가지면 어떻겠습니까? "하나님 한 분으로 나는 만족합니다." 지금 당장은 힘들어도 이 목표를 향해 한 해를 달라가보는 것입니다.

> 왕이신 나의 하나님이여 내가 주를 높이고 영원히 주의 이름을 송축하리이다 시 145:1

다윗이 이 시를 적었을 당시 그는 왕이었습니다. 그런데 다윗이 왕으로서 왕 노릇을 하다보니 왕이지만 할 수 없는 일이 너무 많다는 것과 진정한 왕이 계신다는 것과 그분이 누구신지 알게 되었습니다. 우리는 왕이 아니고 왕을 해보지 않았기 때문에 왕을 모르지만 다윗은 왕을 압니다. 왕의 권세와 왕의 권위와 왕의 주권이 무엇인지 그가 왕이기 때문에 안다는 것입니다. 그것을 너무나 잘 아는 왕이 이렇게 고백합니다. "왕이신 나의 하나님, 당신만이 진정한 왕이십니다. 당신이 나의 왕이십니다." 그가 이렇게 고백할 수 있는 것은 다윗에게 하나님의 영이 임했기 때문입니다. "주의 나라는 영원한 나라이니 주의 통치는 대대에 이르리이다." 이것이 다윗 왕의 고백입니다.

아푸지! 주우여!

제가 읽었던 어떤 책의 마지막 결론 부분에서 복된 사람이 어떤 사람인지 결론 내리기를 "복된 사람은 십자가를 지는 사람이다"라는 내용의 한 예화가 있었습니다. 어떤 교회에서 수십 년간 목회로 수고하던 목사님이 그만 양쪽 신장이 다 망가지는 병에 걸리고 말았습니다. 그러니까 당장 신장을 이식받아야 될 상황이 된 것입니다.

목사님이 어느 날 설교를 마치고 광고하기를 "사랑하는 여러분, 제가 지금 신장이 다 망가져서 그러는데, 누가 저에게 신장을 기증해주실 분이 계십니까?" 그러니까 가만히 눈치만 보던 맨 앞줄의 수석 장로님이 손을 번쩍 들면서 "목사님, 제가 하겠습니다"라고 했습니다. 그러자 옆자리에 앉아 있던 장로님의 부인 권사님이 "어우, 저도 할게요" 그랬어요. 그러자 그 뒤에 앉은 장로님들도, 그 뒤에 있던 안수 집사님도 "저도 하겠습니다"라고 했고, 서리 집사님들까지 나서서 "제가 하겠습니다"라고 했습니다. 그렇게 해서 모든 교인들이 전부 다 손을 들었습니다.

그러자 담임목사님이 기분이 좋아져서 그럼 다음주에 제비를 뽑겠다고 말했습니다. 하나님께서 뽑히는 사람을 통해 가장 잘 맞는 신장을 주실 것으로 믿겠다고 하고 광고를 마쳤습니다. 목사님은 '내가 헛되이 목회한 것이 아니구나. 속도 많이 썩었지만 성도들이 나를 사랑하는구나' 하고 흐뭇해하며 한 주를 보냈습니다. 다음 주 주일이 되어 설교를 마치고 나서 제비를 뽑아야 하니 무엇을 제비로 삼을지 고심하였는데, 성령께서 갑자기 제비뽑기를 하지 말라는 마음을 주시며, 대신 새 깃털을 하나 가지고 올라가 강대상에서 던지면 새 깃털이 날아가 앉는 사람이 신장이식 수술을 해줄 것이라는 응답을 받았습니다.

드디어 목사님의 설교가 끝나고 광고 시간이 되어 성도들이 모두 긴장하고 있을 때 목사님이 "하나님께서 제비뽑기가 아니라 깃털을 날려서 그 깃털이 내려앉는 사람, 그 사람의 신장을 받는 것이 맞는다고 하셔서 제가 깃털을 준비했습니다. 여러분, 그렇게 해도 되겠습니까?"라고 하니까 모두 다 "아멘" 해서 기도한 다음 깃털을 던졌습니다.

그런데 목사님이 깃털을 던져봤자 얼마나 멀리 가겠습니까. 앞자리 어딘가 수석 장로님 머리 위에 떨어지려고 하니까 장로님이 너무 놀라 "아…푸지!" 하니까 다시 깃털이 떠올라서 옆자리 권사님에게로 가자 부인이 놀라서 그만 "주우여…" 그러니까 바로 뒤의 장로님에게 날아갔습니다. 그러자 그 장로님도 똑같이 "아…푸지!" 하고, 안수 집사님도 "주우여…" 하면서 아직까지도 계속 "아버지", "주여" 하고 있다는 것입니다. 그러자 그 교회를 지나가던 사람들이 이상히 여겼다고 하는 것이 오늘날 교회의 모습이라는 것입니다.

내가 지는 십자가

여러분, 이 깃털이 언제쯤 올라갔다 내려갔다 하지 않고 내려앉을까요? 이 교회에서 언제쯤 "아버지", "주여" 소리가 끝나겠습니까? 이것은 비록 예화이지만 예수 믿는 우리에게 주시는 아주 정확한 이야기입니다. 우리가 말이야 "아버지", "주여" 하지만 십자가를 지려고 하나요? 기도할 때는 "주여, 주여" 하지만 정작 십자가가 닥치면 그 십자가를 지려고 하지 않는 것이 바로 우리의 모습이 아닙니까?

이 교회에서 더 이상 깃털이 천장에서 오르락내리락 하지 않고 더 이상 "주여" 소리가 나지 않으려면 어떻게 하면 됩니까? 한 사람이 십자가를 짊어지면 됩니다. 깃털이 내려올 때 "감사합니다. 주님" 하고 가만히 순종하면 되는 거예요. 교회는 순종만 하면 큰소리가 날 일이 하나도 없습니다. 모두가 다 잠잠히 순종만 한다면, 모두가 다 십자가를 짊어지면 아무런 소리가 나지 않습니다. 우리가 다 이 믿음을 가질 수 있기를 바랍니다.

오늘 수많은 교회가 십자가를 걸어놓고 있습니다. 수많은 크리스천들이 십자가를 목에 달고 있습니다. 수많은 액세서리와 장식품으로 십자가를 가지고 있습니다. 그러나 십자가를 지고, 그 십자가에 나 자신을 못 박고, 그 십자가 앞에서 나 자신을 부인하는 사람은 그리 많지 않습니다. 그것이 없기 때문에 진정한 제자가 없는 것입니다.

여러분, 주님이 우리에게 십자가를 주신 것은 예수 그리스도의 제자가 되게 하기 위해서입니다. 예수 그리스도의 제자는 바로 그리스도처럼 그리스도의 장성한 분량이 충만한 데까지 이르기 위해 자라가야 합니다. 이것이 바로 우리에게 십자가를 주신 귀하고 놀라운 메시지인 것을 믿으시기 바랍니다.

살려내심

초판 1쇄 발행   2021년 4월 21일
초판 2쇄 발행   2021년 4월 30일

지은이   윤치영

펴낸이   여진구
책임편집   안수경
편집   이영주 정선경 최현수 최은정 김아진 정아혜
책임디자인 조은혜 | 마영애 노지현 조아라
기획·홍보 김영하   해외저작권 기은혜
마케팅   김상순 강성민 허병용   마케팅지원 최영배 정나영
제작   조영석 정도봉   경영지원   김혜경 김경희

303비전성경암송학교 유니게과정 박정숙 최경식
이슬비전도학교 / 303비전성경암송학교 / 303비전꿈나무장학회 여운학

펴낸곳   규장

주소 06770 서울시 서초구 매헌로 16길 20(양재2동) 규장선교센터
전화 02)578-0003   팩스 02)578-7332
이메일 kyujang0691@gmail.com   홈페이지 www.kyujang.com
페이스북 facebook.com/kyujangbook   인스타그램 instagram.com/kyujang_com
카카오스토리 story.kakao.com/kyujangbook
등록일 1978.8.14. 제1-22

ⓒ 저자와의 협약 아래 인지는 생략되었습니다.
이 출판물은 저작권법에 의해 보호를 받는 저작물이므로 무단 전재와 무단 복제를 할 수 없습니다.

책값 뒤표지에 있습니다.
ISBN 979-11-6504-197-7 03230

규 | 장 | 수 | 칙

1. 기도로 기획하고 기도로 제작한다.
2. 오직 그리스도의 성품을 사모하는 독자가 원하고 필요로 하는 책만을 출판한다.
3. 한 활자 한 문장에 온 정성을 쏟는다.
4. 성실과 정확을 생명으로 삼고 일한다.
5. 긍정적이며 적극적인 신앙과 신행일치에의 안내자의 사명을 다한다.
6. 충고와 조언을 항상 감사로 경청한다.
7. 지상목표는 문서선교에 있다.

하나님을 사랑하는 자 곧 그의 뜻대로 부르심을 입은 자들에게는 모든 것이 合力하여 善을 이루느니라(롬 8:28)

규장은 문서를 통해 복음전파와 신앙교육에 주력하는 국제적 출판사들의
협의체인 복음주의출판협회(E.C.P.A:Evangelical Christian Publishers
Association)의 출판정신에 동참하는 회원(Associate Member)입니다.